최준식 교수의 한국문화지 ❷

한국에만 있는

정통중화요리에
대한

수사보고서

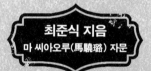

최준식 지음
마 씨아오루(馬驍璐) 자문

주류성

차 례

■ 감사의 글

이 책은 음식 문화지(文化誌)와 같은 성격을 띠고 있다. 기존에 '음식 문화지'와 같은 분류는 존재하지 않지만 군이 말하면 음식을 문화적으로 접근해서 기술한 것이라고 하면 그다지 틀리지 않을 것이다. 이 책에서는 그 다루는 범위를 지난 100여 년 동안 한국인들이 한국에서 먹어 왔던 중국 음식으로 한정했다. 그 음식의 정체를 알아보자는 것이 이 책이 주제이다. 한국인들은 그 음식이 중국인들도 먹는 '정통중화요리'라고 믿고 있는 것 같은데 정말로 그런지 알아보자는 것이었다. 그 답에 대해서는 이 책을 읽어보면 알 수 있을 것이다.

이 주제에 대해 관심을 가진 것은 꽤 오래 전의 일이다. 그러나 아무리 이 주제를 파고 싶어도 중국 음식에 대해서는 기초적인 것만 아는 나로서는 그 작업이 불가능했다. 그러던 차에 마침 중국 본토에서 적지 않은 중국 학생들이 우리 과에 유학을 와 나는 그들과 이 주제에 관해 많은 이야기를 나눌 수 있었다. 그 가운데 이 책의 집필에 결정적인 도움을 준 제자, 마 씨아오루 씨에 대해서 여기서 큰 감사를 표해야겠다.

그녀에 대해서는 저자 서문에서 자세히 다루니 여기서는 간단하게만 보아야 하겠다. 그는 중국 산동 출신으로 이 주제에 대해 누구보다도 많이 알고 있었다. 마와 나는 그동안 한국 음식과 중국 음식을 비교하기 위해 다른 제자들과 같이 많은 세미나를 했다. 이를 위해 마는 이 주제에 대해 문서로 정리해 발표했을 뿐만 아니라 실제로 오향장육 같은 음식을 만들어 와 같이 먹기도 했다. 그러는 과정에서 우리는 실제의 맛과 재료를 비교해가면서 중국 음식에 대해 심도 있는 토론을 했다. 당시를 회상하면 기억나는 것이 또 있다. 그가 중국 음식에 많이 들어가는 팔각이나 화초 같은 향신료를 직접 가져와 모습을 보고 먹어도 본 일이 그것이다.

이런 작업을 통해 나는 중국 음식의 정체에 대해 어느 정도 눈이 떠지게 되었다. 사정이 이러하니 마에게 입은 은공은 막대하다고 하지 않을 수 없겠다. 뿐만 아니라 세미나에 계속해서 참가했던 총니[總妮]나 츠이란[車怡然]과 같은 다른 중국학생들에게도 감사를 표해야겠다. 이들은 열정적으로 자신들의 음식 문화에 대해 알려주었다. 또 항상 모임을 인도해준 송혜나 교수는 말할 것도 없고 같이 참여했던 한국학생들에게도 감사의 마음을 전하고 싶다.

그 다음에 드릴 감사는 당연히 출판사로 향해야 한다. 이번 책의 출간은 사진 구하는 작업이 참으로 어려웠다. 음식은 아주 가까운 데에 있어 사진을 구하기 쉬울 것 같지만 외려 적합한 사진 찾기가 힘들었다. 게다가 음식은 보기 좋게 찍기가 힘들어 좋은 사진 구하기가 꽤 어려웠다. 그 힘든 작업을 마다하지 않고 수행해준 출판사, 특히 이준 이사에게 감사를 드린다. 물론 그리 인기가 있을 것 같지 않은 이 책의 출간을 결정해준 주류성 출판사의 최병식 사장께는 가장 큰 감사를 드려야 할 것이다.

첨언을 하면, 본문의 내용에는 사드 사태로 불거진 지금의 상황과 맞지 않는 내용이 있을지 모르겠다. 이 책은 양국 관계가 아주 긴밀할 때 쓴 것이라 그 사정을 감안하고 읽어주셨으면 하는 바람이다. 아쉬운 점이 있다면 맨 뒤에 나오는 에필로그에 사진을 넣을 수 없었던 점이다. 에필로그의 내용은 현재 중국에서 유행하고 있는 한국 음식에 관한 것인데 제자인 마도 그 음식점들의 사진을 인터넷에서만 구할 수 있었을 뿐 실제의 사진은 구할 수 없었다. 인터넷에 있는 사진은 크기가 작아 책에는 넣을 수 없으니 안타까운 일이다.

이 책은 이렇게 여러 분들의 머리와 손을 거쳐 나온 것이다. 이 분들의 크나큰 도움이 아니었으면 천학비재하고 비루한 내가 감히 이런 책을 낼 수 없었을 것이다. 다시 한 번 이 분들께 머리를 조아려 큰 감사를 표하면서 감사의 말씀을 마쳐야겠다.

2017년 봄날에
지은이 삼가 씀

저자 서문

"루루야, 도대체 한국인들이 먹는 탕수육 같은 중국 음식은 진짜 중국 음식이냐 아니냐?"

이 질문은 한중문화 비교세미나를 하고 있던 중 내 중국인 제자인 마씨아오루(馬驍璐, 마효로)에게 불현듯 던진 것이다. 루루는 그의 별명이다. 이 세미나에서 그동안 우리는 주로 양국의 전통 문화만 가지고 비교를 해왔다. 건축 양식이 두 나라가 어떻게 같고 다르고 종교나 사상은 사정이 어떤지에 대해 비교해왔던 것이다. 그런데 갑자기 그렇게 옛날 것만 가지고 비교하지 말고 현대 문화를 가지고도 얼마든지 비교할 수 있지 않나 하는 생각이 들었다. 현대 문화 가운데 지금 우리가 가장 쉽게 접할 수 있는 중국 문화는 말할 것도 없이 중국 음식이다. 우리가 일상적으로 동네 중국집에서 시켜 먹는 중국 음식들이야말로 우리가 가장 가깝게 느끼는 중국 문화 아니겠는가. 우리가 받아들인 외래 문화 중에 중국 음식처럼 우리와 오랜 역사를 같이 한 것도 많지 않을 것이다. 우리가 중국 음식을 먹은 지가 100년이 넘었으니 말이다.

우리가 그렇게 중국 음식을 오래 먹었건만 그 음식들의 정체성에 대해서는 한 번도 생각해본 적이 없었다. 그 음식들은 당연히 중국 음식일 거라고 여겼기 때문에 의문을 가지지 않았던 것이다. 그러다 1992년에 중국과 국교가 수립되어 실로 오랜만에 한국인들이 중국을 드나들 수 있게 되었다. 나도 그 중의 한 명이었는데 그 덕에 중국 본토에 가서 중국 음식을 먹을 수 있게 되었다. 그렇게 왕래를 하던 중 나도 모르게 서서히 앞에서 던진 의문이 들었던 모양이다. 본토에 가서 진짜(?) 중국 음식을 먹어보니 우리가 그동안 한국 본토에서 먹어왔던 중국 음식과 너무도 다르다는 것을 알게 된 것이다. 이런 체험이 수년 간 쌓이다 어느 날 이 질문이 툭 튀어 나온 것이다.

사실 이런 주제에 대해서 그동안 한국인들이 전혀 다루지 않았던 것은 아니다. 한국인이 사랑하는 중국 음식의 정체성을 밝힌 최초의 사례는 짜장면일 것이다. 이 짜장면이라는 음식은 한국인에게 가장 중요한 음식 중의 하나인데 이전에 나를 포함한 한국인들은 이 짜장면이 순전한 중국 음식이라고 철썩 같이 믿고 있었다. 그러다가 이 음식이 중국 것과 다르다는 이야기가 서서히 나오기 시작했고 드디어 이 음식은 완전히 한국식으로 변형된 중국계 '한국 음식'이라는 결론에 다다르게 된다. 그래서 음식이 전공이 아닌 양세욱 교수 같은 이는 『짜장면뎐―시대를 풍미한 검은 중독의 문화사』 같은 짜장면에 대한 단행본을 내기도 했다. 이런 학자들의 연구에 힘입어 이제 짜장면에 대한 것은 대강의 전모를 알게 되었다.

그렇지만 한국인들이 흔하게 접하고 있는 중국 음식에 대한 설명은 짜장면(그리고 짬뽕)이 끝이다. 그 외에 이른바 중화요리(혹은 청요리)의 정체성에 대해서는 시원하게 풀어낸 책이 없었다. 그러던 차에 내 중국 제자인 마에게 이 질문을 던진 것이다. 내가 이 질문을 그에게 했던 데에는 나름대로의 이유가 있었다. 이 친구라면 내 질문에 답을 할 수 있을 것이라는 막연한 확신이 있었기 때문이었다. 이 친구는 30대 중반으로 산동성 위해(威海) 시 출신인데 내 제자이니 당연히 여성이다. 그동안 우리는 내 문화공간인 "한국문화중심"에서 중국 음식 잔치를 가끔씩 벌였는데 그것은 이 친구가 산동 요리를 잘 하기 때문이었다. 이런 잔치가 벌어지면 그는 조리하는 데에 하루가 걸리는 오향장육을 만들어왔고 산동의 작장면도 본토 식으로 만들어 제공했다. 그 외에도 중국 음식에 쓰는 향신료나 요리들도 선보이곤 했다. 그의 요리 만드는 솜씨도 수준급이었다.

이런 음식을 먹으면서 우리는 중국 음식에 대한 이야기를 많이 나누었는데 그 가운데에는 이번 책에 포함된 내용도 있다. 예를 들어 양장피라는 음식의 이름은 '두 장의 껍데기'라는 뜻이라 음식의 이름으로는 적합하지 않다. 그래서 중국인들이 보기에 아주 웃기는 이름인데 한국인들은 어떻게 아직도 그런 웃기는 이름을 쓰고 있는가 하는 것 등이 그것이다. 그런가 하면 같이 중국 답사를 갔을 때에는 직접 현지 식당에 차려진 중국 음식을 놓고 많은 이야기를 나누기도 했다.

그런 끝에 어느 날 내가 불쑥 이런 질문을 던진 것이다. 지금 시중에는 이런 질문에 대답을 해줄 만한 책이 없다. 예를 들어 탕수육이 도대체 진짜 중국 요리인지 아닌지 부터 시작해서, 만일 중국 요리라면 본토에 있는 요리와는 어떻게 같고 다른지에 대한 설명을 해준 책이 없다는 것이다. 사정이 그렇게 된 것은 중국 본토의 사정을 잘 아는 한국인이 없기 때문일 것이다. 한국인 가운데에 중국 현지의 음식이 어떻게 전개되고 있는지를 잘 아는 사람이 없다는 것이다. 설령 있다 하더라도 그런 사람들은 요리사(쉐프*)이기 때문에 양국의 음식을 문화사적으로 비교하고 그것을 단행본으로 낼 수 있는 충분한 능력을 가지고 있지 못하다. 이들은 요리 실력은 갖고 있겠지만 그것을 비교문화적인 차원에서 연구하고 인문학적으로 글을 쓸 만한 능력은 없을 것이다. 그러니 그동안 이 부분에 대해서는 책이 전무했던 것이다.

그동안 이 주제에 대해 마와 나눈 대화를 복기해보니 이 친구의 실력이면 충분히 이 주제에 대해 같이 깊게 토론할 수 있을 것이라는 확신이 들었다. 그 확신은 이 친구가 몇 가지 조건을 갖추고 있었기 때문에 가능한 것이었다. 우선 그는 그동안 우리 과(이화여대 한국학과)에서 석사와 박사과정을 밟으면서 인문학적인 소양을 많이 쌓아 한국어 구사에 문제가 없다는 것을 들 수 있겠다. 이보다 더 좋았던 것은 이 친구가 한국인 남편과 결혼한지가 오래되어 한국 사정에도 한국인과 똑같이 밝았다는 것이었다. 그에게는 너덧 살 먹은 아들까지 있으니 학부형으로서도 많은 정보를 갖고 있다. 그런가 하면 그는 산동 사람이기 때문에 기본적으로 산동에 대한 정보에도 상당히 밝았다. 또 산동의 기후나 지리, 문화에 대해 잘 모르는 것이 있으면 부모 세대에게 물어보거나 중국 사이트를 검색할 수 있는 능력도 갖추고 있었다.

사실 이번 책을 쓸 수 있었던 가장 큰 요인은 마가 산동 사람이었다는 것이다. 본문에서 나오지만 한국의 중화요리는 모두 산동에서 건너온 것이다. 그러니 이 주제는 산동 요리에 환한 사람이 아니면 쓰지 못하는 것이다. 그런데 마가 마침 산동 사람일 뿐만 아니라 산동 요리를 직접 만들 수 있는 여성이니 이번 주제에는 꼭 부합되는 사람임을 알 수 있다. 게다가 그는 중국 내의 소식에도 우리와는 비교가 안 되게 밝

---

* 이 쉐프라는 단어는 중국어로 스승을 뜻하는 쓰푸[師傅, 사부]에서 나왔다는 설이 유력하다.

았다. 그는 젊은 세대라 검색이 빠르고 광범위했다. 어떤 사안을 가지고 중국 내의 상황을 알아보라고 하면 며칠내로 중국 내의 사이트를 다 뒤져서 찾아 왔다. 이런 능력은 우리 한국인들은 갖출 수 있는 것이 아니다(우리는 한문으로 된 중국 사이트를 검색할 능력이 없지 않은가?).

그래서 나는 그에게 이 주제에 대해 깊은 대화를 나누자는 제안을 하고 바로 작업에 들어갔다. 작업은 이렇게 진행됐다. 우선 한국의 중화요리와 중국 본토의 음식이라는 두 주제를 소상히 알고 있는 마가 아주 간단한 보고서를 썼다. 그 다음에 우리는 각 항목을 가지고 같이 논의를 했고 그것을 가지고 다른 한국 학생과 중국 학생들과 세미나를 하는 시간을 가졌다. 그렇게 충분히 토론을 하고 나서 내가 책임 집필자가 되어 전체 원고를 썼다. 그런데 원고를 쓰는 중에 기존 정보와 상충되거나 설명이 안 된 부분들이 나오면 그때마다 새로운 정보를 수집해 원고를 완성해 나아갔다.

이 책의 집필 목적은 아주 간단하다. 우리가 100년 이상을 먹어왔던 이른바 중화요리가 도대체 어떤 음식인가를 알자는 것이다. 이 음식이 어떤 과정으로 형성되어 우리 곁에 있게 되었는지에 대해 보자는 것이다. 한 마디로 음식을 먹되 알고 먹자는 것이다. 그런데 글을 쓰다 보니 다른 욕심도 생겼다. 이 책의 결론을 보면 알겠지만 한국의 동네 중국집에서 나오는 중화요리는 심대한 문제점이 있는데 그것은 맛이나 조리법이 너무 천편일률적이라는 것이다. 그래서 '그 요리가 그 요리'가 되어버려 요리 간에 변별성이 없어졌다. 하다못해 라면집이나 김밥집도 가게마다 그 맛이 다른데 중국집의 음식은 가게마다의 특성이 없는 것이다. 그래서 중화요리는 이전의 인기를 누리지 못하고 있는 것 같다. 우리와 100년 이상을 같이 한 가장 서민적인 음식인 중화요리가

중화요리 세미나 현장(맨 왼쪽이 필자이고 그 뒤가 마 씨아오루이다).

이런 상태에 있는 것은 결코 바람직하지 못하다. 우리의 동네 중화요리에도 이제는 변모가 필요할 것 같은데 그러려면 현 상태가 어떤지를 알아야 한다. 이 책이 바로 그런 욕구에 조금이라도 부응했으면 하는 마음으로 저자 서문을 마친다.

2017년 초봄에
지은이 삼가 씀

시작하며

중화요리는 대체 어느 나라 음식일까?

이른바 '중국집', 그리고 중국 음식은 우리 한국인에게 아주 특별한 의미가 있다. 한국인들은 이 음식을 외국 음식이라고 생각하지만 어떤 의미에서는 한국 음식보다 더 가까운 음식이 바로 이 중국 음식이다. 특히 짜장면, 짬뽕, 탕수육은 한국인들이 가장 좋아했던 외식 중의 하나였다. 외국 음식 가운데 중국 음식보다 한국인들에게 더 친숙한 음식은 없을 것이다. 이것은 중국 식당을 부르는 '중국집'이라는 이름에서도 알 수 있다. 한국인들이 외국 계통의 식당을 이렇게 나라 이름을 가지고 부르는 경우는 없다. 가령 일본 음식을 파는 집을 일본집이라고 하든가 스파게티를 파는 집을 이태리집이라고 부르지는 않는다. 그런데 유독 중국 음식 파는 집을 중국집이라고 부르는 것은 그만큼 중국 음식이 한국인들에게 친숙하기 때문일 것이다. 너무 친숙하니까 중국 음식을 파는 집이라 하지 않고 간단하게 중국집이라고 하는 것이리라.

"오늘은 청요리 좀 시켜 먹을까?"하는 소리는 내가 어리거나 젊었을 때인 1960년대와 1970년대에 많이 듣던 소리였다. 특히 내 부모 세대(1920년대 생)는 중국 음식이라는 용어보다는 '청요리'라는 용어를 많이 썼다. 이 용어를 통해 우리는 어렴풋하게 이 중국 음식이 청나라 때 들어오고 그 이후로 즐겨 먹었다는 것을 짐작할 수 있다. 이 말이 사실이라면 우리는 참으로 오랫동안 이 음식을 먹은 것이 된다. 과거에 있었던 중국 음식점 중 대표 격이라 할 수 있는 인천의 공화춘이 1900년대 초에 만들어졌으니 우리가 중국 음식을 접한 것은 이미 100년이 넘은 것이 된다.

그런 오랜 세월 동안 우리는 아무 의심 없이 우리가 먹는 중국 음식이 같은 시대의 중국인들도 먹는 진짜 중국 음식인 줄 알았다. 그럴 수밖에 없는 것이 지금은 진짜 중국인들, 그러니까 화교들이 운영하는 중국집을 찾기가 힘들어졌지만 1970년대만 해도 한국인이 운영하는 중국집을 외려 찾기 힘들었다. 대부분의 중국집은 화교들이 운영하고 있었던 것이다. 그래서 중국집에 가면 화교들이 중국어로 음식을 시키는 것을 반드시 보게 되었는데 그것을 본 우리 한국인들은 저들이 만드는 짜장면이나 탕수육 같은 음식들이 진짜 중국 음식이라고 철썩 같이 믿은 것이다. 그렇지 않은가? 중국인들이 만드는 음식이 중국 음식이지 다른 나라 음식이겠는가?

지금도 간혹 화교 2세나 3세들이 운영하는 중국집에 가서 보면, 그들은 완벽한 한국어를 구사할 수 있지만 자기들끼리는 중국어로 대화하는 것을 심심치 않게 발견할 수 있다. 한번은 제자 마(馬)와 같이 화교가 운영하는 중국집을 방문한 적이 있었다. 나는 마에게 그들의 조상이 어디서 왔고 화교 몇 세대에 해당하는지 중국어로 물어보라고 했다. 그런데 그 정보는 중요한 게 아니라 곧 잊어버렸지만 마는 아주 뜻밖의 사실을 전했다. 그들과 대화를 나눈 그녀에 따르면 그들의 중국어는 외국인이 하는 것처럼 들린다는 것이었다. 우리 한국인들은 그들이 하는 중국어가 완벽한 중국어인 줄 알았는데 그게 아니었던 것이다. 하기야 그들은 한국에서 태어나고 자랐으니 충분히 그렇게 될 수 있으리라 생각된다. 이것은 흡사 미국에서 사는 한인 교포 2세들이 어눌한 한국어를 하는 것과 같다고 하겠다.

우리가 먹어왔던 중국 음식이 진짜 중국 음식이라고 믿을 수밖에 없게 만든 또 다른 요인이 있었다. 바로 중국 음식들의 이름이다. 짜장면이나 짬뽕 같은 식사를 위해 먹는 음식이 아니라 요리 이름들이 그렇다는 것이다. 탕수육은 하도 많이 듣고 하도 많이 먹어 한국어처럼 들리지만 그밖에 '난자완스'나 '라조기', '깐풍기', '유산슬' 같은 음식의 이름은 듣기만 해도 중국 음식 이름 같았다. 왜냐하면 이 이름을 들어서는 도대체 이 음식의 정체를 알 수 없기 때문이다. 이 이름들은 외국어이니 한국인들은 알 수 없었던 것이다. 이 이름들은 한국인들에게 아주 이국적으로 들려 이것들이 분명 중국 음식이라고 확신하는 데에 주저할 이유가 없었다. 아니, 우리들은 이 음식들이 진짜 중국 음식인가 하는 의심조차 갖지 않았던 것이 사실이다. 우리가 접할 수 있는 중국 음식은 이런것들밖에 없었으니 말이다.

그런데 문제는 한국이 1992년에 중국과 수교한 뒤 한국인들이 중국을 자유롭게 다니면서 생겼다. 나도 외국 중에는 중국을 가장 많이 다녔는데 중국에 가서 먹어본 중국 음식은 우리가 그동안 중국 음식이라고 철석 같이 믿고 먹었던 '청요리'들과는 너무도 달랐다. 아니 아예 중국에서는 우리가 100여 년 동안 먹었던 중국 음식은 그 비슷한 것조차 찾을 수 없었다. 예를 들어 우리에게 중국 음식의 대표 선수처럼 되어 있는 짜장면이 그렇다. 우리는 이 음식이 중국 음식이라고 철썩 같이 믿었는데 본토의 중국 식당에는 짜장면 비슷한 음식을 찾을 길이 없었다. 본문에도 나오지만 굳이 그 비슷한 음식을 꼽는다면 '작장면(炸醬麵)'을 들 수 있는데 이 음식은 짜장면과 맛이 영 달랐다. 우리 짜장면은 물기가 많고 달콤한 반면 작장면은 건조하고 짜다. 그래서 한국 사람들 가운데에는 짜장면과 같은 음식인 줄 알고 작장면을 시켜 먹고 낭패를 보는 경우가 종종 있었다(게다가 작장면은 마늘과 같이 먹는 경우도 있으니 짜장면과 아주 다르다고 하겠다).

　이에 비해 짬뽕이나 우동 등의 경우는 조금 다르다. 이 음식은 이름이 아예 중국 음식처럼 되어 있지 않았기 때문에 중국에 이런 음식이 있을 것이라고는 기대하지 않았다. 특히 우동은 이름이 일본식으로 되어 있으니 애초에 중국 음식이라고 생각하지 않아 중국서 찾으려고 하지도 않았다(그런데 왜 중국집에서 일본식의 이름으로 된 음식을 파는지 신기하기 짝이 없다). 짬뽕도 사정은 비슷하다. 이 음식이 일본에서 기원했다고 하는 사실이 꽤 잘 알려져 있어 이것을 중국에서 찾으려고 하지는 않았다. 그러나 사정이 암만 그래도 우리에게 그리도 친숙한 탕수육 같은 음식은 중국에 반드시 있을 줄 알았다.

　그뿐만이 아니다. 한국에서 중국집을 가면 반드시 양파와 일명 '다꽝'(단무지, 다꾸앙), 그리고 춘장이 나오는데 중국에서 음식점을 가면 이 두 반찬은 찾을 길이 없었다. 그래서 중국에서 중국 음식을 먹을 때 조금 곤혹스러워 했던 기억이 난다. 한국인들은 양파(그리고 춘장)가 없으면 중국 음식을 먹지 못할 정도로 양파를 많이 찾는데 중국 본토 음식점에서는 이런 게 안 나오니 음식에 무엇인가 빠졌다는 생각을 했던 것이다. 그런데 중국에서는 이 반찬들이 필요 없는 이유가 있다. 거기서는 차가 계속해서 공급되기 때문이다. 중국 음식 먹을 때는 중국 음식의 '기름기'를 녹여줄 차가 꼭 필요하다. 그런데 한국의 중국집에서는 차를 공급하지 않기 때문에 그 대신 양파를 주는 것이다. 양파로 중국 음식의 느끼함을 걷어내는 것이다. 이 문제는 이렇게 이해하면 되는데 그렇다고 해도 단무지를 주는 것은 잘 이해가 안 된다. 단무지는 분명 일본 반찬인데 어쩌다 이게 중국집에 흘러들어와 대표 반찬이 됐는지 잘 모르겠다. 어떻든 내가 여기서 말하고 싶은 것은 이처럼 반찬에서도 한국의 중국 음식과 본토의 중국 음식은 완전히 다르다는 것이다.

그러면 이번에는 반대로 생각해보자. 지금 한국에는 사드 사태가 일어나기 전까지는 엄청난 숫자의 중국 관광객, 즉 요우커[游客]들이 몰려왔다. 이들이 한국에 와서 신기하게 여기는 것 중의 하나는 '정통 중화요리'라는 간판을 발견하는 것일 것이다. 한국에는 대부분의 간판들이 한글로 되어 있어 전혀 읽을 수 없는데 '正統 中華料理' 같은 간판은 한자로 되어 있어 읽을 수 있으니 아주 반가운 마음을 가질 것이다. 그런데 한국인들은 이 간판에서 아무 이상함을 느끼지 못한다. 이 간판을 보면 당연히 '저기는 중국집이구나'라고 생각하는 것 이상 아무것도 느끼지 못한다. 그런데 중국인들은 이 간판이 매우 생경하게 느낄 것이 틀림없다. 왜냐면 일단 본토의 중국 음식점에는 저런 간판이 하나도 없기 때문이다. 내가 그동안 중국을 수년 간 다녀 보았지만 저런 간판은 본 적이 없다. 중국 식당에는 식당의 이름과 어떤 음식을 판다는 것에 대해서 적어놓지 '정통'이라는 단어는 사용하지 않는다(그리고 '중화'라는 단어도 사용하지 않는다). 중국 음식은 잘 알려진 것처럼 지

'정통중화요리'라는 간판이 달려 있는 한국의 중국집

중국의 음식점

　한국에만 있는 정통 중화요리에 대한 수사보고서

역에 따라 대단히 다양해 어떤 음식을 꼭 집어서 정통이라고 하는 것이 어불성설이기 때문이다. 그러니까 정통 중국음식이라는 것은 존재하지 않는데 한국의 중국 식당에는 그렇게 써놓았으니 웃긴다고 할 것이다.*

독자들의 이해를 돕기 위해 한국으로 무대를 옮겨 비교하면서 설명해보자. 지금 한국 음식점들 가운데 '정통한국요리'라고 쓴 간판을 건 집이 얼마나 될까? 아주 없지는 않겠지만 상당히 드물 것이다. 보통 한국음식점에서는 다른 나라의 음식점처럼 상호와 파는 음식의 종류가 무엇인지에 대해서만 적을 뿐이지 그 간판에 한식 전체를 대표하는 정통한국요리라고 쓰는 경우는 거의 없다. 물론 '정통한정식'이라고 쓴 간판을 내건 음식점들은 비교적 쉽게 발견할 수 있다. 그러나 이러한 음식점은 최근에 생겨난 것으로 한국인들도 상견례나 손님 접대처럼 특수한 경우가 아니면 가지 않는 식당이다. 그래서 '정통한국요리'라는 이름은 매우 생경하기 짝이 없다. 다시 예를 들어, 한국인이 어쩌다 동남아에 있는 어떤 나라에 갔는데 그 거리에서 만일 '정통한국요리'라는 간판을 만나면 우선 의아한 느낌을 받게 되지 않을까? 이때 가장 먼저 드는 질문은 '한국 요리에 정통이라는 게 있나? 계층 마다, 지방 마다 음식이 다를 뿐이지 어떤 게 정통일 수는 없지 않은가?'하는 것일 것이다. 그런데 중국음식과 관련해서 같은 일이 21세기 서울을 비롯한 전국에서 벌어지고 있는 것이다.

게다가 요리라는 단어도 그렇다. 이 단어에 대해서는 본론에서 다시 보겠지만 중국에서는 이 단어를 음식에는 쓰지 않았다. 이 단어를 음식과 관련해 쓰기 시작한 것은 일본인으로 알려져 있다. 그러나 최근 들

---

* 굳이 중국의 정통 요리라고 하면 북경요리라고 할 수 있는데 북경요리는 산동요리의 영향을 많이 받았다.

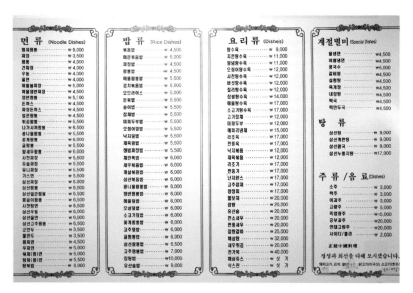

한국의 중국집 메뉴판

어와 중국에서도 일본의 영향을 받아 일본 음식이나 한국 음식을 가리킬 때 '일본 요리' 혹은 '한국 요리'라는 표현을 쓴다. 그러나 여전히 중국 음식을 중화요리라고 부르는 것은 어색할 것이다. 그래서 한국에 온 중국인들이 중화요리라는 간판을 처음 보면 아주 이상하게 여길 것이라는 것이다. 사실 중화라는 말도 걸리기는 한다. 중화는 너무나 큰 느낌을 주기 때문이다. 본론에서도 보겠지만 중화는 본토 전 지역을 비롯해 대만, 홍콩 마카오 등까지 포함하는 대단히 큰 개념이다. 그런데 이 넓은 지역에 보편적으로 존재하는 음식은 있을 수 없기 때문에 중국인들은 '중화요리'라는 단어의 조합에 거부감이 생길 것이 틀림없다.

어떻든 그런 느낌을 갖고 요우커가 중국 음식점에 들어가서 메뉴판을 보았다고 하자. 이때 이들의 반응은 어떨까? 일단 그들은 메뉴판에 나온 음식들이 중국 음식이 아니라고 하지는 않겠지만 '정통 중국 음식은 아니다'라는 데에는 모두 동의할 것이다. 왜냐하면 이 음식들의 이름이 너무 낯설고 생경하기 때문이다. 예를 들어 이들은 '탕수육'이나 '유린기' 같은 음식은 낡고 어색한 음식 이름 때문에 의아해 할 것이고 '팔보채'나 '양장피', '깐풍기' 같은 음식은 이름 자체는 분명히 중국스럽지만 정작 중국에서는 듣지도 보지도 못한 음식 이름이기 때문에 당황스러워할 것으로 생각된다.

이들이 그런 느낌을 갖고 요리를 시켰다고 하자. 그런데 그렇게 해서 나온 음식을 보고 또 직접 먹어보고 이 요우커들은 어떻게 생각할까? 과연 그들이 이 음식들이 중국 음식이라는 것을 인정할까? 요리에 따라 다를 수 있지만 이 음식들이 중국 음식이라고 흔쾌히 인정하기에는 주저되는 바가 있을 것이다. 사정이 이렇게 된 데에는 여러 가지 이유가 있을 게다. 그 중에서도 가장 큰 이유는 이 한국의 중국 음식에는 중국서 많이 쓰는 향신료가 거의 들어가 있지 않은 것을 들 수 있을 것이다. 예를 들어 이런 중국 음식에는 중국인들은 아주 좋아하지만 한국인들은 싫어하는 고수 같은 풀도 없고 매우면서도 아주 혀를 톡 쏘는 맛을 자랑하는 자극적인 화초(花椒)*도 없다. 또 8개의 꼭짓점이 있는 별처럼 생겨 팔각(八角)이라고 불리는 향신료도 들어가 있지 않다. 중국 음식의 향기는 바로 이런 향신료에서 발산되는 것인데 한국의 중국 음식에는 이런 냄새가 나지 않으니 중국 음식처럼 느껴지지 않을 것이다(물론 탕수육이나 양장피 같은 음식은 중국에서도 향신료를 넣지 않는다).

사정이 이렇다면 도대체 한국인들이 100년 이상을 먹어왔던 중국 음

---

* 우리는 이 향신료를 농담 삼아 지뢰라고 부른다. 왜냐하면 이것은 지뢰처럼(?) 둥글게 생겼고 씹으면 탁 쏘는 아주 자극적인 맛을 내기 때문이다. 그런데 더 생각해보면 지뢰보다는 어뢰처럼 생겼다고 하는 것이 맞겠다.

식의 정체가 궁금하지 않을 수 없을 것이다. 우리는 아무 의심 없이 중국 음식인 줄 알고 먹어왔던 음식을 두고 21세기에 사는 중국인들은 현재의 중국 음식이 아니라고 하니 말이다. 그렇다면 이 음식들의 정체는 무엇일까? 이 책은 바로 이 음식들의 정체성을 밝히는 것이다. 이 음식들은 분명 중국인(화교)들이 만들었으니 중국 음식임에 틀림없을 터인데 현대의 중국인들은 인정하지 않으니 도대체 어떻게 된 노릇이냐는 것이다. 이 음식은 현대 중국 음식과는 전혀 관계없는 음식인지, 아니면 어느 정도는 관계가 있지만 그렇다고 중국 음식이라고 보기에는 무리가 있는 것인지가 우선 궁금하다. 또 이 음식이 원래는 분명히 중국 음식이었지만 오랜 세월을 한국에 있으면서 한국화 된 음식이 되었다는 설이 있는데 만일 이 주장에 동의한다면 그 한국화 정도는 얼마나 되었는지 하는 등등이 궁금하다. 이 책은 바로 이런 의문에 대해 답해보자는 의도로 씌어졌다.

이런 질문을 하는 것은 아주 단순한 동기에서 비롯된 것이다. 우리가 먹고 있는 음식을 알고 먹자는 것이다. 그런데 만일 한국이 1992년 이전처럼 중국과 아무 교류 없이 서로 왕래하지 않고 살았다면 이런 의문을 갖지 않았을 것이다. 그저 우리가 먹는 이 중국 음식을 진짜 중국 음식으로 알고 먹었을 것이기 때문이다. 그런데 이제는 한국이 중국과 가장 가까운 이웃이 될 정도로 왕래가 빈번해졌다. 매 11분 마다 한중 양국에서 서로에게 향하는 비행기가 뜬다. 그래서 본토에 가서 그곳에서 유행하는 중국 음식을 먹어본 한국인들은 자신들이 먹었던 중국 음식과 이 본토의 중국 음식이 다르다는 것을 알게 되었다. 그렇다면 당연히 이 두 음식을 비교하게 되었을 텐데 우리가 먹던 중국 음식의 정체가 묘연(渺然)한 것으로 판명이 났다. 우리가 먹던 중국 음식이 이름은 중국 음식이되 실제는 그렇지 않은 것처럼 드러났기 때문이다. 그러니 이 문제를 그냥 지나칠 수는 없는 것 아니겠는가? 물론 이런 질문을 제기하지 않고 우리가 먹는 중국 음식을 계속해서 먹어도 아무 상관없다. 그런데 지금 우리가 먹고 있는 중국 음식은 너무나 정체되어 있어 변해야 한다는 게 내 개인적인 소신이다. 음식이 극히 다양해지고 있는 지금 중국 음식은 빨리 자기 정체를 파악하고 미래를 대비해야 하지 않을까 한다.

이 책의 서술 방향

이 책은 앞으로 이렇게 서술될 것이다. 우선 우리가 중화요리라고 할 때 무엇을 두고 '중화'라고 하고 무엇을 가지고 '요리'라고 하는지에 대해 볼 것이다. 한국의 중국집에 걸려 있는 간판에 '중화요리'라고 적혀 있으니 무엇보다도 이 단어들의 의미에 대해 보지 않을 수 없는 것이다. 그러나 이 문제는 그리 중요한 것이 아니니 빨리 지나갈 것이다. 그 다음에는 화교에 대해 볼 것이다. 한국의 중국 음식은 이 사람들이 전파하기 시작했으니 이 사람들에 대해 보지 않을 수 없다. 다음으로는 과거에 유명했던 중국 음식점에 대해 잠깐 볼까 한다. 소문으로는 짜장면을 제일 처음 만들었다는 그 유명한 공화춘을 비롯해 과거에 기라성 같았던 중국음식점들에 대해 잠깐 보려고 한다. 특히 인천 차이나타운에 있었던 이 공화춘은 그 건물이 현재 짜장면 박물관으로 바뀌어 있어 반드시 언급을 필요로 한다.

위의 내용들은 서론 격에 해당한다. 따라서 그리 자세하게 볼 필요는 없을 것이다. 그 다음부터가 본론으로 여기서부터 한국의 중국집에서 파는 중국 음식에 대해 보게 될 것이다. 그런데 이 중국 음식들은 다양하기 짝이 없다. 이 책은 이런 수많은 중국 음식을 다 소개하는 책이 아니기 때문에 그 가운데 한국인들이 가장 즐기는 음식이나 요리에 대해서만 볼 것이다. 그런 생각에 따라 식사로 먹는 중국 음식 가운데 한국인들이 가장 좋아하는 짜장면이나 짬뽕 같은 대표적인 중국 음식에 대해서만 볼까 한다. 그렇게 되면 기스면*이나 울면**이라 불리는 이상한 중국 음식은 다루지 않을 것이다. 이 두 음식은 이전에는 한국인들로부터 꽤 많은 사랑을 받았지만 지금은 그렇지 못하기 때문이다. 이 책은 중국 음식 전체를 소개하는 책이 아니라 한국인들이 먹고 있는 중국 음식의 정체를 밝히려는 것이기 때문에 몇몇 음식만 다루어도 충분할 것으로 생각된다.

그 다음에는 요리에 대해서 볼 것인데 여기서도 한국인들에게 가장 친숙한 탕수육이나 양장피 등과 같은 소수의 중국 요리에 대해서만 볼 것이다. 이와 더불어 중국 요리에 대한 기본적인 설명, 즉 중국 요리의 이름을 읽는 방법이나 요리법 등에 대해 간략하게 설명할 것이다. 이와 같이 하는 이유는 중국 요리의 재료들을 알려주려는 의도가 아니라 중국 요리를 이해하기 위해서는 이 재료들에 대해 반드시 알아야 하기 때문에 이 설명을 첨가한 것이다. 이렇게 보고 나면 마지막에 한국인들이 먹는 이른바 중화요리의 정체가 드러날 것으로 생각된다.

---

 * 이 음식은 한자로는 계사면(鷄絲麵)이라고 쓰는데 말 그대로 닭으로 육수를 내고 그 닭고기를 얇게 찢어 양념해 면과 함께 먹는 음식이다.

** 울면의 기원은 산동의 온로면(溫滷麵)이라고 한다. 산동지역에는 야채나 고기를 볶아 물을 부어서 끓인 뒤에, 여기에 칼국수를 넣어 먹는 타로면(打滷麵)이라는 것이 있는데 온로면은 따뜻한 타로면의 뜻으로 만든 이름으로 보인다. 그런데 결정적인 차이는 녹말가루의 사용 유무에 있다. 한국에서 먹는 울면에는 녹말가루가 들어가 국물이 걸쭉한 것에 비해 현재 산동 지역에서 먹는 타로면은 녹말가루가 첨가되지 않는다.

이른바 '중화요리'라는 단어는 어떻게 생겨난 것일까?

중화요리는 말할 것도 없이 중화와 요리라는 두 단어로 만들어진 단어이다. 먼저 중화라는 단어를 보면, 중화(中華)는 대단히 복잡한 개념이다. 우선 그 형성된 역사가 매우 긴데 그것을 다 살펴볼 필요는 없다. 역사적으로 따지면 그 개념의 형성이 상(商)나라나 주(周)나라까지 올려 잡을 수 있으니 얼마나 오래된 개념인지 알 수 있다. 여기서 중요한 것은 중화의 중은 자신의 나라가 중심에 있다는 것을 뜻한다는 것이다. 이것은 중국인들이 자신의 나라를 중심에 놓고 사방에 있는 이(夷), 만(蠻), 융(戎), 적(狄)이라 불리는 미개한 주변 민족을 다스린다는 개념을 깔고 있다. 그러나 이 개념은 중국 음식에 대해서 볼 때에는 그다지 중요하지 않다.

그렇다면 화는 무엇일까? 화는 원래 '화하(華夏)'의 줄임말로 이것은 중화문명을 만든 민족을 나타낸다. 이 말의 연원에 대해서는 다음과 같은 이야기가 전해진다. 5000여 년 전 황하 유역의 중하류에 있는 화산(華山)과 하수(夏水) 사이에는 염제 부락과 황제 부락 등이 있었다고 한다. 바로 이 부락에 사는 씨족들이 융합해 한족을 형성했다고 하니 이 민족이 한족의 시원이 되는 것이라 할 수 있겠다.[***] 이 때문에 중국인들은 자신들을 가리켜 '염황자손'이라 불렀고 후대의 중국인 혹은 중국을 가리켜 '화하'로 부르게 되었다고 한다. 이렇게 보면 중화란 천하의 중심에 살면서 중화문명을 만든 한족을 뜻한다고 할 수 있겠다. 그런가 하면 '화'는 물리적인 혈통을 나타내는 것 이상의 개념으로 발전하는데 후대에 내려오면 화는 중화민족이 지닌 사상이나 문화를 통칭

[***] 그러나 이것은 신화적인 이야기라 그 사실 여부는 확실하지 않다. 게다가 이 하수의 위치에 대해서도 학계에는 아직 정설이 없다.

하는 정신적인 개념으로 쓰이기도 했다. 예를 들어 조선조 중엽에 명이 망한 뒤 조선의 유학자들이 자신들의 문화를 가리켜 '소중화'라고한 것이 그것이다. 이때 나오는 중화는 문화적인 개념이지 지리적인 개념이 아니다.

중화는 이처럼 문명적인 요소를 강조하는 개념이 되었기 때문에 현대에 들어와 중국 전체의 통합을 강조할 때 중국의 정치가들은 이 단어를 곧잘 이용했다. 그 대표적인 것을 보면, 1912년에 손문이 새로운 나라를 '중화민국'이라고 부른 것이나 1949년에 모택동이 세운 중국을 '중화인민공화국'이라고 부른 것을 들 수 있을 것이다. 현재 중국은 이 전통을 이어받아 중화라는 개념의 지리적 범위를 '중국 대륙과 홍콩, 마카오, 대만'을 포함하는 것으로 잡고 있다. 이렇게 보면 중화란 정치적인 국경이나 역사적인 시대성을 모두 초월한 개념이라 할 수 있다. 여기에 전 세계에 산재되어 있는 화교(그리고 화인)[*]까지 포함하면 중화라는 개념은 아주 큰 것이 될 것이다.

중화가 이런 개념을 갖고 있다는 것을 염두에 두고 중화요리라는 단어를 생각하면 이 단어가 얼마나 허무맹랑한(?) 것이지 알 수 있다. 왜냐하면 중화는 지리적으로 매우 광범위한 지역을 말하는데 이 지역을 다 포괄하고 대표할 수 있는 음식은 있을 수 없기 때문이다. 그렇지 않은가? 중국은 지역 별로 음식이 다양한 것으로 이름이 높은데 그냥 중화요리라고 하면 도대체 어느 지역의 요리를 말하는지 알 수 없지 않은가? 그런 의미에서 중화요리라는 개념은 성립할 수 없는 것이다. 그 대신 중국에는 산동요리나 사천요리, 혹은 광동요리처럼 지역의 요리만이 존재할 뿐이다. 게다가 여기에 시대 개념까지 들어가면 더 복잡해

---

* 화교와 화인은 모두 해외에 거주하는 중국인을 지칭하는데 전자는 중국 국적을 유지하고 있는 중국인을 말하고 화인은 그가 거주하는 해당국의 국적을 취득한 중국인을 말한다.

진다. 음식이란 잘 알려진 것처럼 시대에 따라 굉장히 많은 변화를 겪기 때문에 어느 시대의 음식인가 하는 것도 대단히 중요하다. 따라서 이 개념을 한국의 중화요리에 적용하면 다음과 같이 될 것이다. 즉 한국인들이 지난 100여 년 동안 먹어왔던 중화요리라는 것이 어떤 양식의 중국 음식인가를 알려면 이 음식이 중국의 어느 지역에서 비롯되었고 어느 시대의 음식인가 하는 것이 밝혀져야 한다는 것이 그것이다. 이 책의 목표는 바로 그 두 가지 정보를 밝히는 것이다.

그 다음에 아주 간략히 볼 개념은 요리이다. 요리가 '음식을 만든다'라든가 혹은 '만든 음식'을 의미한다는 것은 한국과 일본에서만 통하는 개념이다. 원래 중국에서는 이 요리라는 단어가 음식과는 아무 상관없이 쓰였다. 단지 처리 혹은 정리의 의미로만 쓰였기 때문이다. 사실 요(料)라는 글자에는 '헤아리다'나 '생각한다' 등의 뜻만 있을 뿐 음식과 관계된 것은 전혀 없다. 이 '요리'라는 단어를 음식과 연관시킨 사람은 일본인으로 추정되는데 한국은 그 단어를 그냥 수입해 쓰고 있다. 요즘은 중국에서도 일부의 젊은이들이 인터넷 상에서 이 단어를 음식이라는 의미로 쓰고 있고 앞에서 본 것처럼 한국 음식이나 일본 음식을 지칭할 때만 이 단어를 제한적으로 사용하고 있다고 한다. 사정이 그렇다 하더라도 중국에서는 '중국 요리'라는 단어를 쓰지는 않는다. 따라서 이런 상황을 감안해볼 때 한국에 와서 '중화요리'라는 단어를 처음 접한 요우커들은 이 단어를 기이하게 느낄 수밖에 없을 것이다.

한국의 중국 음식을 만든 화교는 어떤 사람?

재언할 필요도 없이 지금까지 한국인들이 백여 년 동안 먹어왔던 중국 음식은 화교들이 만든 것이다. 그렇다면 본격적으로 음식에 대해 보기에 앞서 이 화교에 대해 살펴보아야 한다. 한국에서 화교의 역사는 130년 이상이라는 꽤 오랜 기간 동안 지속되었기 때문에 그 자체만으로도 큰 주제이다. 그러나 여기서 화교의 역사를 자세하게 파헤칠 필요는 없다. 우리에게 필요한 것은 오늘날 한국인들이 먹는 중국 음식을 형성한 화교들에 대한 역사일 뿐이다. 그 역사를 중심으로 중국 화교들에 대해 잠깐 보기로 한다.

간단하게 보는 한국 화교의 역사

중화요리와 관계된 화교 역사

중국인이 외국에 이주한 역사는 몇 천 년이 될 것이다. 한국에도 과거에 여러 시대에 걸쳐 많은 중국인들이 전쟁을 피해 이주해 살았다. 이렇게 오랜 세월 동안 많은 중국인들이 해외로 나가 살았지만 '화교'라는 용어는 불과 100여 년 전에 생겼다는 설이 있다.[*] 이 설에 따르면 화교라는 용어가 처음 생긴 곳은 뜻밖에도 일본이다. 1898년에 어떤 재일(在日) 중국인이 요코하마[橫濱]에 중국인이 다닐 수 있는 학교를 하나 세웠는데 이 학교 이름을 '화교학교'라고 했다. 이 이름에 나오는

---

[*] 다음에 나오는 화교에 대한 역사는 주로 다음의 책을 참고하였다.
　진유광, 『중국인 디아스포라―화교 이야기』, 이용재 역(2012), 한국학술정보(주).

'화교'가 첫 번째로 나온 화교 호칭이었다고 한다. 현재 중국의 법에 의하면 화교는 장기간 외국에 체류하는 자 중 외국 국적을 취득하지 않은 중국 국민을 가리킨다.

한국 거주 화교, 혹은 재한 중국인은 한국에서 태어났거나 한국에서 오랫동안 생활한 중국태생들의 사람을 말하는 것이다. 따라서 유학이나 업무로 한국에 온 중국인이나 대만인은 여기에 포함되지 않는다. 한국 화교들은 한국에서 태어나고 거주 기반을 한국으로 하기 때문에 한국을 고향으로 삼는다고 한다. 그런데 그 이민의 역사가 100년이 넘었으니 최소 3대가 넘었다고 할 수 있다. 한국 화교는 한 때 번성할 때에는 10만에 가까웠지만 한국 정부가 1948년에 수립되고 그 뒤에 1970년대까지 화교의 경제활동을 제약하는 많은 제한을 두어 그 숫자가 대폭 줄어들었다. 이들은 한국 정부의 차별 정책을 피해 대만이나 홍콩, 미국으로 이주해 2만 명대까지 그 숫자가 줄어들게 된다. 그러다 1990년~2000년대에 한국 정부의 차별 정책이 다소 완화되자 이들이 다시 한국에 돌아오게 되어 지금은 약 3만 명에 달한다고 한다. 그들의 주요 주거지는 서울, 부산, 인천 등지이다. 이것이 극히 간단하게 본 한국 화교의 역사인데 다음에서 이 역사를 중화요리와 관련해 약간 더 상세한 한국 화교의 역사를 살펴보기로 하자.

앞에서 말한 것처럼 한국은 중국과 국경을 맞대고 있어 지난 역사 동안 많은 교류가 있었는데 사람들의 교류도 예외는 아니었다. 그래서 많은 한국인들이 중국에 갔고 많은 중국인들이 한국으로 들어왔다. 여기서 우리가 관심 갖는 것은 물론 한국으로 들어온 중국인에 대한 것인데 과거에 수많은 중국인들이 한반도에 들어왔지만 본격적인 화교 사회가 생겨난 것은 19세기 말이었다.

짜장면을 먹는 산둥 지방 출신의 노동자

이런 문제가 항상 그렇듯 정확한 기록이 없는 탓에 한국에 가장 먼저 온 화교가 누구인지는 알려지지 않았다. 전해오는 이야기에 따르면 한국에 와서 처음으로 사업을 시작한 화교는 담걸생(譚杰生, 1853~1929)이라는 사람이라고 한다. 그는 1874년에 한국에 건너와 청계천 수표교 근처에 동순태(同順泰)라는 무역회사를 차려 큰돈을 벌었다. 그러나 이것은 개인적인 경우이고 화교가 본격적으로 한국에 나타나는 것은 1882년 임오군란이 발발했을 때 중국에서 동원된 청나라 군대를 따라온 40여 명의 청나라 상인들이었다. 이때 조청상민수륙무역장정(朝淸商民水陸貿易章程)이라는 조약이 맺어지게 되어 청나라 상인들이 법적으로 보호받으면서 상업을 본격적으로 시작한다. 여기서 중요한 것은 이때 온 상인들이 산둥 반도에서 왔을 것이라는 것이다. 당시 한국에 온 중국 군대는 산둥의 연태에 주둔하고 있던 부대라

인천 차이나타운의 청·일 조계지 알림석

고 하니 이들과 같이 온 상인들 역시 산동에서 온 사람이라는 것을 알 수 있다. 그 이후로 산동 반도와 인천항 사이에 정기적으로 배가 오가게 되면서 화교들이 계속해서 한국에 들어와 그 숫자는 더욱 더 늘어나게 된다.

1884년에는 '인천구화상조계장정(仁川口華商租界章程)'이라는 조약이 체결되면서 중국의 조계지가 인천에 생기는데 그게 바로 지금의 차이나타운 자리이다. 그렇게 시작한 인천의 차이나타운은 1898년 다시 한 번 도약을 하게 되는데 그것은 그 당시 산동 반도에서 일어난 의화단 운동 때문이었다. 이 의화단 운동 때 산동 주민들은 뜻하지 않은 피해를 보게 된다. 이 운동에 참여한 사람들이 산동 주민들에게 많은 폭행을 저질렀기 때문이다. 이 운동은 산동에서 일어나 북경으로 번졌는데 이 때문에 이 운동의 본거지인 산동에 사는 사람들이 가장 직격으

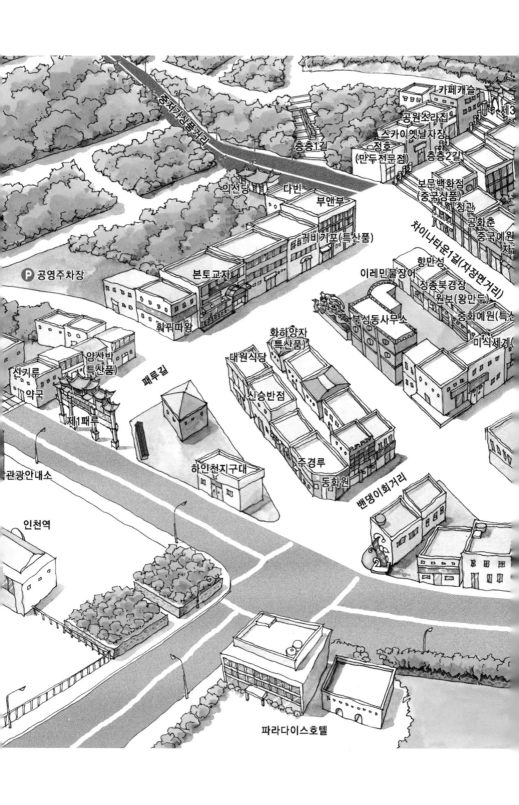

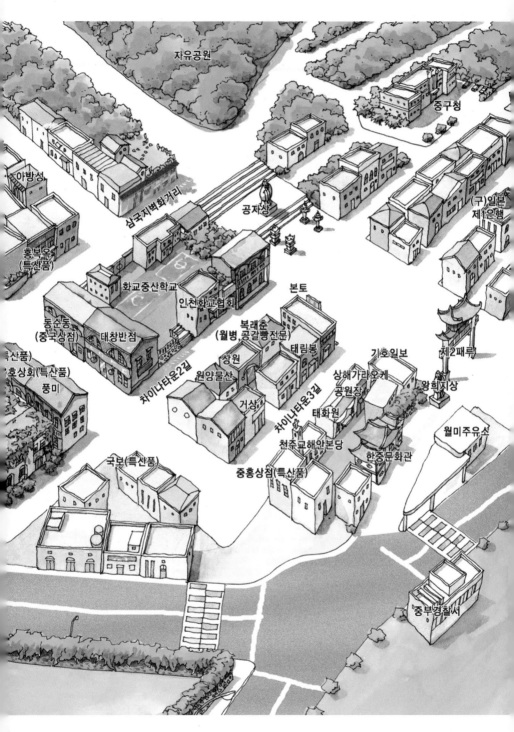

인천의 차이나타운 지도

로 피해를 본 것이다. 이런 일이 생기면 사람들은 보통 피난을 가는데 그 목적지 중의 하나가 한국이었다. 당시 중국은 극한 혼란에 휩싸여 있어 사람들이 아예 외국으로 발길을 돌린 것일 것이다. 그때 마침 산동과 인천 사이에는 정기 항로가 개설되어 있었고 인천에는 중국의 조계지가 있었으니 중국인들은 자신들이 이주해 정착해 사는 데에 큰 문제가 없을 것으로 생각했을 것이다.

우리가 이 책에서 다루는 주제와 관련해 당시에 산동에 사는 중국인들이 대거 한국으로 들어왔다는 사실은 뜻하는 바가 아주 크다. 이 사건을 통해 우리는 당시 한국에 기거하던 화교들의 문화가 산동의 것을 이어받았을 것이라는 것을 예측할 수 있기 때문이다. 따라서 여기서 우리가 잠정적으로 결론 내릴 수 있는 것은 음식도 예외는 아니라서 이때 산동의 음식이 한국에 대거 유입되었을 것이라는 것을 충분히 예상할 수 있다. 따라서 우리가 지난 100여 년 동안 중국 음식이라고 생각하고 먹었던 음식은 산동 음식이었을 것이다. 잘 알려진 것처럼 중국에는 지역 별로 음식이 다른데 한국인들이 그동안 접한 중국 음식은 광동 요리나 사천 요리가 아니라 산동 요리라는 것이다.

사실 여기까지만 보아도 우리의 목적은 어느 정도 달성한 셈이다. 왜냐하면 우리가 먹어왔던 중국 음식의 정체가 그 대강의 윤곽은 잡혔기 때문이다. 우리가 지금껏 먹었던 중국 음식의 기원은 100여 년 전에 들어온 산동 음식이라는 사실이 밝혀진 것이다. 물론 그때 들어왔던 음식이 전혀 변형이 일어나지 않고 초기의 모습을 그대로 유지하고 있다는 것은 아니다. 그와는 달리 어느 정도 변화는 있었다. 음식이 세월이 지나면서 변하지 않는다는 것은 생각할 수 없는 일이다. 당시 한국인이 먹었던 중국의 음식 가운데 특히 끼니로 먹는 음식은 한국인의 입맛에 맞게 상당히 많이 변형되었다. 그 대표적인 예는 말할 것도 없이 짜장면이다. 이 음식은 분명히 산동 음식에 기원을 둔 것이지만 이제는 중국 음식이라고 하기보다는 한국 음식이라고 하는 것이 더 타당한 지경에 이르렀다. 이것은 짬뽕도 사정이 비슷한데 그 자세한 내막은 뒤에서 다루게 될 것이다. 그에 비해 탕수육 같은 이른바 청요리들은 변형이 덜 일어났다고 할 수 있다. 이런 중화요리들은 처음에 수입됐을 때의 초기 모습을 어느 정도 유지하고 있기 때문이다.

이에 대한 것도 역시 뒤에서 자세히 보겠지만 여기서 잠정적인 결론으로 말할 수 있는 것은 지금 우리가 먹고 있는 산동 기원의 중국 음식은 그 대부분이 현대 중국에는 존재하지 않는다는 것이다. 이유는 간단하다. 음식이 변화해 가는 것을 보면 100여 년이라는 세월은 엄청난 것이라 그 정도 세월이면 완전히 탈바꿈할 수 있기 때문이다. 중국 산동에서는 이 세월 동안 음식이 대폭 바뀌어 100년 전의 음식을 찾기가 쉽지 않아졌다. 이 상황은 한국도 마찬가지이다.

독자들의 이해를 돕기 위해 한식의 변천 과정을 약식으로 잠깐만 보자. 그러면 음식이라는 것이 시대를 따라 얼마나 빨리 변하는지 알 수 있다. 지금 한식의 대표 음식이라 할 수 있는 것 가운데에는 불과 50~60년 전에는 존재하지 않았던 것이 많다. 예를 들어 지금 직장인들이 가장 좋아하는 외식인 삼겹살은 50년 전에는 존재하지 않던 음식이다. 갈비나 부대찌개, 김치볶음밥처럼 한국인들이 즐겨 먹는 음식도 당시에는 없던 음식이다. 언뜻 생각하면 지금 우리가 먹고 있는 이런 음식들이 아주 오랜 옛날부터 있어온 것처럼 보이지만 실상은 전혀 그렇지 않은 것이다.

이러한 사정은 다른 나라도 마찬가지여서 100년이면 한 나라의 음식이 완전히 탈바꿈하기에 충분한 시간이다. 중국도 지난 100년 동안 음식 문화가 많이 바뀌어 19세기 말의 음식을 찾기 힘들다. 그런데 한국에 들어온 중국 음식은 그런 상황과는 조금 다르게 변모해 갔다. 한국의 중화요리들은 변화하는 정도보다 과거의 모습을 유지하는 정도가 훨씬 강했던 것 같다. 사정이 이렇게 된 데에는 중요한 요인이 있다. 그 요인은 한국과 중국의 외교적인 관계에서 비롯된 것일 것이다. 한국과 중국은 1992년에 수교하기 전까지 수십 년 동안 이렇다 할 교류가 없었다. 중국이 전쟁 상태에 있었고 또 공산화 되면서 한국과 단교 상태까지 갔으니 양국의 국민들이 교류할 수 있는 기회가 일절 없었던 것이다. 그렇게 되니 한국에 수입된 산동 음식은 본국으로부터 새로운 자극을 받지 못하고 철저하게 고립되어 100여 년을 지나게 된다. 이 과정에서 한국의 중화요리는 스스로를 버전업할 수 있는 기회나 능력을 갖출 수 없게 된다. 이 점 역시 뒤에서 상세하게 다룰 것이니 그때 보기로 하고 지금은 우리의 주제인 화교 역사로 돌아가 보자.

한국 화교사를 보면 그 전성기가 1920년대, 그러니까 일제 중반기인 것으로 되어 있다. 1923년 조선총독부가 밝힌 통계에 따르면 서울과 인천 두 지역에 거주하던 화교가 6천여 명에 달했다고 한다. 1920년대 초반에 화교들이 운영했던 점포들은 대부분 잡화점이나 비단상점, 양복점, 이발소, 그리고 요식업이었는데 1920년대 후반이 되면서 음식점이 늘어나기 시작했다. 그런가 하면 농촌에 거주하던 화교들은 농업에 종사했는데 도시 인근의 농원은 거의 화교들이 운영해서 도시가 필요로 하는 채소들의 대부분을 이 화교들이 제공했다고 한다. 당시에 발표된 총독부의 자료를 보면 1922년 전국 주요 도시에 사는 화교 2224가구 가운데 약 30%가 중국 음식점을 경영했다고 한다(만두집이 337

가구, 그냥 보통 음식점이 332가구). 그러던 게 1926년에는 음식점 수가 1200여 호로 늘어났고 종사자는 3,800여 명 정도였다고 하니 음식점 숫자가 계속해서 늘어나고 있는 것을 알 수 있다.

당시의 중국 음식은 앞에서 본 것처럼 '청요리'라 불렸는데 유명한 음식점으로는 인천의 공화촌이나 중화루, 서울의 아서원이나 취천루, 대관원 등이 있었다. 이 식당들은 대단히 고급식당이라 일반인들은 이용하기 힘들었다. 1940년대에 이런 음식점에 가서 한 상에 8~10 가지 요리를 놓고 먹는 데에 드는 가격은 10~12원이었다고 하는데 당시 일반 사무직 사원의 봉급이 50~60원 정도였다고 하니 이런 요리가 얼마나 비쌌는지 알 수 있다. 반면 서민들이 이용할 수 있는 작은 식당들도 많았다. 작은 중국집이나 호떡집, 그리고 만두집은 음식 값도 싸고 맛도 좋아서 서민들이 매우 좋아했다고 한다.

이렇게 나름대로 번성하던 화교들은 한국이 해방된 후에 외려 쇠퇴기를 맞는다. 한국 정부는 자국인과 자국의 산업을 보호하겠다는 미명 아래 외국인들에게 매우 배타적인 정책을 쓰는데 1960년대 초에 외국인 토지 소유 금지 법령을 발효시킨 것이 그 대표적인 것이다. 이 정책 때문에 농사를 하던 화교들이 몰락하고 화상들도 헐값에 땅을 팔게 된다. 그러다 1970년대 초에는 주거용 200평과 영업용 50평은 소유가 허용되면서 제한이 조금 풀리기는 했지만 이 때문에 화교들은 그들이 하는 사업이 영세한 수준을 벗어날 수 없게 되었다. 이렇게 되니 대규모로 된 음식점이나 자영업은 타격을 받을 수밖에 없었다. 이때 그 유명한 인천의 공화춘이나 서울의 태화관 같은 큰 음식점들이 문을 닫게된다. 대신 한국 정부가 제시한 기준에 맞는 작은 음식점들만 살아남게 되니 그 결과 중국 음식점은 영세한 수준을 면치 못하게 된다.

당시에 화교들은 이 같은 여러 가지 제약 때문에 다른 사업을 할 수 없어 전체 화교 중에 80%나 되는 많은 사람들이 음식점을 경영했다고 한다(그것도 작은 음식점!). 그러나 방금 전에 말한 것처럼 음식점이라도 화교들이 마음 놓고 장사할 형편은 되지 못했다. 당시에 많은 제약이 있었는데 상징적인 사건은 1973년에 한국 정부에서 분식장려를 한다고 중국집에서 쌀밥을 팔지 못하게 한 일이다. 밥을 못 팔면 중국집의 주요 메뉴인 볶음밥 등을 만드는 일이 원천적으로 불가능하게 된다. 이 제약은 수개월 뒤에 풀리기는 했지만 이처럼 한국의 화교들은 한국 정부로부터 많은 차별과 제약을 받게 된다.

이러저러한 제약 때문에 한국에 사는 화교들은 한국의 현실에 넌더리를 치면서 한국을 떠나기로 결정하는데 그들이 이주한 주요 국가는 대만과 홍콩, 미국이었다. 그런데 재미있는 것은 미국으로 이주한 화교들의 경우이다. 그들은 자신들이 중국인이었지만 차이나타운에 거주한 것이 아니라 한인 타운에 살았다고 한다. 이들 가운데 한국에서 음식점을 운영했던 화교들은 미국에 와서도 중국 음식점을 열었는데 그들이 만드는 중국 음식은 한국인들이 먹던 것이지 중국인들이 먹던 것이 아니기 때문이다. 그들이 음식을 팔아서 먹고 살려면 하는 수 없이 한인 타운에 있을 수밖에 없었을 것이다. 게다가 그들은 화교 2세이었기 때문에 이미 한국 사회와 문화에 많이 동화되어 있었을 것이다. 따라서 그들은 중국인들과 있는 것보다 한국인들과 같이 있는 것이 문화적으로는 편하지 않았을까 하는 생각을 해본다.

사정이 이렇게 되니 화교들의 숫자는 급격히 줄어들 수밖에 없었다. 1970년대에는 8만 명 내지 10만 명의 화교가 한국에 상주했다고 하는데 1990년 대 이후로 가면 2만 명 수준으로 급감하게 된다. 현재는 이

보다 조금 더 늘어 전체 화교 숫자는 약 3만여 명에 달하다고 한다. 화교들이 이처럼 대거 해외로 빠져나가니 일류 주방장들 역시 해외로 이주하게 되는데 이 현상은 한국에 있는 중국집들의 수준이 하향평준화되는 현상을 낳았다. 능력이 뛰어난 주방장들이 현장에 없으니까 중국음식의 전체적인 질이 떨어질 수밖에 없었을 것이다.

그리고 그나마 화교가 경영하던 중국집도 가계 계승이 안 돼 한국인손으로 넘어오게 되는데 큰 중국집들에는 여전히 화교 요리사가 있는경우도 있지만 작은 중국집들은 요리도 한국인들이 담당하게 된다. 한국 요리사가 대거 생기기 시작한 것이다. 이런 과정으로 거치면서 서서히 대부분의 동네 중국집들은 한국인에게 점령당하는데 이 때문에한국의 중화요리가 고착되는 결정적인 전환국면을 맞게 된다. 이처럼중화요리가 고착되는 모습은 뒤에서 자세하게 다룰 것이다.

이 과정에서 중국 음식이 변화하지 않은 것은 아니다. 한국화 되는모습도 보였기 때문이다. 짜장면 같은 것이 대표적인 예이지만 이것은잘 알려져 있으니 다른 예를 들어보자. 짜장면을 제외한 국수 음식들을 보면, 얼마 전까지만 해도 중국집의 국수는 우동이나 울면, 기스면,짬뽕 등 다양했는데 이것들이 모두 맵고 강렬한 짬뽕으로 통일된다.이 짬뽕은 중국인이 보기에는 그냥 매운 국에 국수를 말아먹는 수준이라 전혀 중국 음식처럼 보이지 않는다. 그러나 매운 국물을 좋아하는한국인들에게는 더할 나위 없이 인기가 많은 음식이다. 그런 짬뽕의인기가 다른 국수에 대한 인기를 능가해 다른 국수들이 맥을 못 추게된 것이다.

반면 요리들은 그 발전이나 변화하는 모습이 아주 미약했다. 사정이이렇게 된 데에는 그만한 사정이 있었다. 즉 중국집이 영세화 되고 한

지금은 짜장면 박물관으로 바뀐 공화춘 옛건물

한국에만 있는 정통 중화요리에 대한 수사보고서

국 주방장이 대거 등장하면서 이들은 새로운 음식을 만들려고 하기보다는 배운 대로만 따랐기 때문에 발전이 있기가 쉽지 않았을 것이다. 그런 까닭에 한국에 있는 작은 중국집들은 천편일률적인 메뉴에 음식들의 맛도 똑같게 되는 획일화 현상이 생기게 된다. 중국 음식 맛이 모두 하향화 되고 다양함이 사라진 것이다. 물론 1992년 이후에 중국과의 교류가 가능해지면서 다양한 중국 요리들이 소개되었고 고급 요리를 선보이는 대형 중국집들이 많이 생겨났지만 대부분의 동네 중국집들은 여전히 똑같은 맛의 음식만 만들고 있다.

큰 중국집 이야기

한국식 정통 중화요리의 변화를 보기 위해서는 과거에 유명했던 중국음식점들을 살펴 보는 일이 필요하다. 우선 볼 집은 공화춘인데 이집은 짜장면이 가장 먼저 만들어진 중국 음식점이라 의미가 있는 곳이다. 또 지금도 국내 최초로 짜장면 박물관이 이 건물에 들어서 있어 더더욱이 의미가 있는 음식점이다. 이 박물관의 홈페이지를 보면 이 음식점의 역사를 대강 알 수 있다. 이에 따르면 이 집이 처음에 공화춘이라는 이름으로 시작한 것은 아니다. 1908년에 산동 지방 출신인 우희광이라는 이가 22살의 약관의 나이로 '산동회관'이라는 중국 음식점을 시작한다. 이 음식점은 단순한 중국집이 아니라 개항장이었던 인천항을 방문하는 여러 나라들의 상인들이 머무는 공간으로 중국의 객잔(客棧) 성격을 띠었다고 한다. 그래서 고향을 그리워하는 중국인이 많이 방문했다고 한다.

이 회관의 이름이 '공화춘'으로 바뀐 것은 1911년 중국이 청나라라는 전제주의 국가에서 공화국인 '중화민국'으로 탈바꿈한 것을 기념하여 이름을 바꾼 데에서 기인한다. 중국이 아시아 최초로 공화국이 된 것을 기념하여 '공화'라는 단어를 넣고 뒤는 춘으로 마감한 것이다. 그래서 공화춘이 되었다. 이때 '춘'은 봄을 뜻하는 것으로 한 해의 시작을 의미하고 '청춘의 활기와 희망을 담고자' 했다는 것이 이들의 설명이다. 그 후로 공화춘은 차이나타운을 대표하는 고급 중국 요리집으로 이름이 높았다. 그렇게 일제기도 잘 넘기고 한국 전쟁이나 그 다사다난한 한국의 역사를 잘 버텨온 공화춘은 앞에서 본 것처럼 한국 정부가 화교들의 재산권 행사를 극도로 제한하는 것을 이기지 못하고 1983년에 폐업하게 된다. 그 뒤 이 건물은 방치되어 폐허가 되기에 이르렀는데 다행히도 한국 정부에서 이 건물의 진가를 알아채 2006년 근대문화유산으로 등록하게 된다(등록문화재 246호). 등록될 수 있었던 이유는 이 건물이 100여 년 전 청나라 조계지에 있던 건물들이 지니고 있던 건축 양식을 보유하고 있기 때문이었다.

그렇게 해서 건물은 살렸는데 더 다행스러운 것은 인천광역시 중구에서 2010년 이 건물을 사들여 국내최초이자 유일의 짜장면박물관을 2012년에 건립한 것이다. 이 건물에 짜장면 박물관이 들어설 수 있었던 것은 말할 것도 없이 이 음식점에서 짜장면이 가장 먼저 만들어졌다고 하기 때문이다. 그러나 정확히 말하면 공화춘 시절에 만들어진 게 아니라 산동 반점 시절에 만들어진 것이라고 해야겠다. 짜장면이 만들어진 게 1905년경으로 추정되니 그렇게 말할 수 있는 것이다. 이때는 아직 공화춘이라는 이름이 생기기 전이다. 그러나 두 집은 같은 집이고 현재는 공화춘으로 알려져 있으니 공화춘이 짜장면의 원조이라고 해도 문제는 없겠다. 이런 건물에 박물관이 들어감으로써 차이나타운

짜장면 박물관 간판

도 살고 짜장면이라는 대단히 독특한 음식도 살고 이석이조의 효과를 낳게 된다.

이 박물관은 나도 가보았지만 한국인이라면 한번쯤은 꼭 가볼만한 곳이라 하겠다. 짜장면에 얽힌 추억이 없는 한국인은 없을 터인데 이 곳에 가면 그 추억을 되살릴 수 있어 좋다. 짜장면 만드는 과정도 상세히 전시되어 있지만 짜장면 배달 가방이 어떻게 바뀌었는지에 대해서도 자세하게 설명되어 있어 좋다. 또 당시 음식을 먹던 식탁도 재현되어 있어 흡사 당시로 돌아가는 느낌을 받는다. 그런가 하면 라면 형식으로 나온 인스탄트 짜장면들이 시간 순으로 진열되어 있는 것을 볼 수 있는데 짜장라면이 그렇게 많은 것을 본다면 아마 독자들은 놀랄 것이다.

다음에 볼 중국집은 아서원인데 이 집은 화교가 운영하는 중국집 중

옛 철가방 모음

요즘 철가방과 배달 오토바이

인스탄트 짜장면들

에 가장 유명한 집이었을 것이다. 이 음식점은 현재 롯데호텔이 있는 을지로 1가에 있었으니 가장 요지에 있었던 것을 알 수 있다. 이 음식점은 1907년에 만들어졌는데 1970년에 문을 닫을 때까지 최고급의 사교 장소로서 한국의 유명한 정치인이나 사회인들이 많이 찾던 곳이었다. 아서원에서 있었던 사건 중에는 유명한 것이 많은데 그 중에서도 1925년에 박헌영과 조봉암, 김재봉 등이 이 아서원에 모여 조선공산당의 창당 대회를 연 것은 대단히 유명한 사건이다. 그런가 하면 주한 미군은 아서원을 그네들의 전문 식당으로 지정해 파티나 장병 위로 행사를 모두 이 집에서 했다고 한다.

한국의 재벌들도 이 집을 많이 찾았는데 전 기아 산업 회장이었던 김철호 씨도 그 중 하나였다. 그는 자신이 고안한 요리를 '기아해삼탕'이라는 이름으로 출시한 것으로도 유명하다. 이 집이 또 유명한 것은 이

집 주방을 거쳐 간 화교 출신의 여러 요리사들이 호텔의 중국식당으로 자리를 옮겨갔다는 데에서도 찾을 수 있을 것이다. 예를 들어 지금 중화요리의 거장으로 이름을 떨치고 있는 이연복 셰프 같은 이가 아서원을 거쳐 명동에 있는 사보이 호텔의 중식당(호화대반점)으로 옮겨간 것이 그것이다. 이처럼 큰 중국집들의 주방장들이 호텔로 옮겨 감으로써 개별적인 중국집들은 문을 닫게 된다. 그런데 60년 이상을 버텨왔던 아서원이 사라지게 된 것은 이 이유 때문이 아니었다. 1969년에 아서원 사장의 딸과 외손주가 이사회 몰래 헐값으로 이 음식점 터를 롯데 그룹에 팔아넘기는 바람에 역사가 유구한 이 중국 음식점은 사라지게 되었다고 하는데 이 말이 사실이라면 참으로 어이없는 일이라 하겠다. 유서 깊은 음식점이 없어지는 이유치고 어이가 없다는 것이다.

이 이후에 전개된 중국 음식점의 양상 역시 복잡하게 진행되지만 우리의 주제와 직결되는 것이 아니기 때문에 중식당에 대한 설명은 여기서 그쳐도 되겠다. 그리고 앞에서 말한 대로 1992년 이후로는 중국과 직접 교류하는 일이 가능했기 때문에 본토의 음식들이 한국에 많이 소개된다. 그래서 큰 중국 식당의 메뉴에는 많은 변화가 생긴다. 이런 요리는 우리의 관심 분야가 아니다. 게다가 요즘(2015년 근처)에 들어와서는 본토에 사는 중국인이 직접 음식점을 차려 본토에서와 똑같은 음식, 심지어는 중국의 거리 음식까지 파는 집들이 생겨났다. 이런 음식 역시 우리의 주제와는 거리가 멀다. 이 책에서 우리는 지난 수십 년 동안 보통의 한국인들이 동네에 있는 중국 음식점에서 많이 시켜먹던 음식에만 초점을 맞출 것이다. 그 음식은 한국인에게 특별한 의미가 있기 때문이다. 그러면 이제 그 음식의 정체를 찾아 떠나보자.

본론

한국인이 즐겨 먹었던 중국 음식은 산동 요리였다!

이제부터 우리는 한국인들이 지금껏 가장 즐겨 먹었던 중국 음식에 대해 보려고 한다. 이 음식들은 종류가 대단히 많지만 그것을 다 볼 필요는 없을 것이다. 우리는 그 가운데에서 한국인들이 가장 많이 먹는 음식에 대해서만 보기로 하는데 일단 두 부분 즉, 한 끼로 먹는 음식과 요리로 먹는 음식으로 나누어서 보자. 이 한 끼 음식 중에서도 한국인들이 가장 많이 먹던 음식은 짜장면과 짬뽕과 볶음밥이라 할 수 있다. 따라서 우리는 여기서 이 음식에 대해서 집중적으로 보게 될 것이다.

물론 이런 음식들에 대해서는 이미 많은 정보가 나와 있다. 이런 정보들은 책에도 있고 인터넷에서도 쉽게 접할 수 있다. 그런데 이런 데에 나온 설명들을 보면 모두 한국의 사정에 대해서만 이야기하고 있지 현지에 대해서는 설명이 거의 없다. 예를 들면, 짜장면을 설명할 때 한국인들은 이 음식이 어떻게 생겨났는지에 대해서는 잘 안다. 그런데 이 음식의 원조 격인 산동의 작장면에 대해서는 그다지 설명을 하지 못한다. 단지 작장면의 레시피만 알 뿐이다. 이것은 한국의 연구자들이 중국 산동에 가서 현지 조사를 하지 않았기 때문이다. 사정이 이런 것에 비해 나와 같이 대화를 나눈 제자, 마(馬)는 산동에서 태어나고 자란 사람이다. 그리고 본인이 기본적인 산동 요리를 할 줄 아는 사람이다. 따라서 그는 그 지역의 문물에 밝기 때문에 한국의 짜장면이 중국의 작장면과 어떻게 다른지 여러 각도에서 비교할 수 있었다. 이 점이 이 책의 특징이라 하겠다. 이런 생각을 염두에 두고 우선 한 끼 식사부터 보자.

한국인이 가장 사랑한 중국 음식의 정체성을 찾아

짜장면   한국인들이 중국 음식을 생각할 때 가장 먼저 떠올리는 음식이 짜장면이라는 데에 반론을 제기할 사람은 없을 것이다. 이 음식의 원조 격인 중국 산동의 작장면이 한국에 온지 100년을 훌쩍 넘었는데 잘 알려진 것처럼 이 작장면이 우리가 먹는 짜장면은 아니다. 이 작장면이 짜장면과 어떻게 다른지는 조금 뒤에 보기로 하는데 이 음식이 정확하게 언제 우리가 먹고 있는 현재의 짜장면으로 바뀌었는지는 잘 모른다. 전해오는 이야기에 따르면 1940년대 후반에 어떤 화교가 지금 우리가 먹고 있는 달달한 춘장을 개발하면서 짜장면이 생겨났을 것이라고 추측할 뿐이다. 그런데 중요한 것은 그런 것이 아니라 이 음식이 한국인들의 일상생활 속에서 차지하는 위치이다. 전국에 산재한 2만 4천 여 개의 중국집에서 하루 평균 600만~700만 그릇의 짜장면이 팔린다는 소문이 있을 정도로 짜장면은 한국인과 아주 가까운 음식이다. 이 음식에 대한 한국인의 사랑은 이처럼 가히 독보적인 것으로 보인다.

이 짜장면이 한국 사회에서 갖고 있는 문화적 위치는 확고하다. 예를 들어 2006년 문화관광부가 짜장면을 '한국 100대 민족문화 상징' 중의 하나로 선정한 것이 그것이다. 잘 알려진 것처럼 이 100대 상징 중에 짜장면이 유일하게 외국에서 도래했으되 한국 문화의 아이콘으로 꼽힌 사실은 아주 특이한 것이다. 짬뽕도 짜장면과 같이 한국인들이 아주 좋아하는 중국 음식이지만 짬뽕은 이런 지위까지 차지하지는 못한다. 그런 면에서 짜장면은 아주 독보적인 외래 음식이 아닌가 한다. 그런가 하면 1990년대 후반에는 짜장면을 먹는 '블랙 데이(4월 14일)'라는 것도 생겼다. 이렇게 특정한 물품을 생각하는 날을 만들어 국민들이, 주로 젊은이들이겠지만, 많이 참여하고 체험한다는 것은 이 짜장면이 한국인들에게 어떤 위치에 있는지 알려준다. 더 재미있는 것은, 우리가 짜장면을 생각할 때 빼놓을 수 없는 철가방 역시 문화부 산하의 한국디자인 문화재단(KDF)이 선정한 '코리아 디자인 목록'(52개 품목이 선정되어 있음)에 들어가 있다는 것이다. 사실 이전에는 이 알루미늄으로 만들어진 철가방을 두고 웃기는 이야기들이 많이 있었다('야심한 밤에 어떤 남자가 하얀 옷을 입고 철제 가방을 들고 와서 하는 말은?' 답은 '짜장면 왔어요.' 같은 식의 이야기들). 그만큼 이 철가방이 한국인들의 일상에 강한 인상을 주었기 때문에 그런 이야기들이 생겼을 것으로 생각된다.

그런데 짜장면과 관계해서 사람들이 오해하기 쉬운 것은 지금 우리가 먹는 짜장면이 1905년 인천 공화춘에서 만들어졌다고 생각하는 것

짜장면 박물관에 있는 짜장면 만드는 모습

이다. 이때에 이 음식점에서 만들고 팔았던 국수는 지금 우리가 먹는 한국식 짜장면이 아니라 산동 음식인 작장면이었을 것이다. 당시 공화춘의 요리사들은 중국 사람을 대상으로 음식을 만들었지 한국인들에게 팔려고 음식을 만든 것은 아니었다. 그들은 단지, 그때 한국에 온 화교들에게 자신들의 고향인 산동에서 즐겨 먹던 국수를 만들어 팔았을 뿐이었을 것이다.

이 작장면이 생겨난 산동성은 논농사를 짓는 지역이 아니다. 기후와 지형 등의 지리적인 여건이 그리 좋지 않아 논농사를 할 수 없었다. 산동의 지형은 구릉이 많고 땅의 표면이 딱딱해 농사짓기에는 그리 좋지 않다. 게다가 강우량이 적어 논벼 농사는 아예 생각도 못한다(그러나 물이 상대적으로 적게 필요한 밭벼는 간혹 재배하는 지역이 있었다). 사정이 이러했기 때문에 옥수수와 수수, 고구마 같은 것들만 재배할 수 있었다. 그러나 밀농사는 사정이 다르다. 현재 산동성의 밀 생산량은 전국 2위이다. 좀 더 구체적으로 보면 전국 밀 생산량의 17%가 산동성에서 생산되니 중국 전체에서 밀 생산량과 연관해서 산동성이 얼마나 중요한 지역인지 알 수 있다. 게다가 이곳에서 생산되는 밀의 품질은 중국 전국에서 최고이다. 다시 말해 산동성의 밀은 품질이 우수해 고품질 밀가루의 생산량은 전국 1위를 꾸준히 차지하고 있다.* 작장면은 이런 배경에서 태어난 것이다. 밀가루로 국수만 만든 것은 아니다. 산동의 서민들은 속이 하나도 들어 있지 않은 찐빵과 만두를 아주 좋아했는데 이것도 밀로 만들었다.

그러면 이 산동성에서 작장면이 나오게 된 구체적인 배경은 무엇일까? 그것은 이 산동성이 장문화가 매우 발달한 지역이라는 데에서 찾을 수 있다. 예부터 산동성은 여러 종류의 장이 크게 발달해 있었다. 예를 들어, 콩으로 만든 된장이나 청국장은 말할 것도 없고 밀가루로 만든 면장(麵醬), 또 작은 새우를 발효해서 만든 하장(蝦醬. 새우젓) 등이 그것이다. 이 가운데 작장면에 들어간 것은 말할 것도 없이 면장이다. 산동에는 이런 장이 있었기 때문에 여기에 국수를 비벼먹는 음식이 나온 것이리라.

산동음식과 관련해 특이한 사항은 이 지방의 음식이 중국 황실의 요리가 되었다는 것이다. 황실 요리가 되었다는 것은 중국을 대표하는 정통요리가 되었다고 해도 크게 무리가 되지 않을 것이다. 그렇게 보면 한국의 중국집에서 '정통 중화요리'라는 간판을 내건 것이 반드시 틀린 것은 아니라는 생각도 든다. 한국의 중국집에서 파는 음식은 산

---

* 그런 산동성이었지만 20세기 초부터 1970년대 초반까지 산동성 주민들은 밀을 마음껏 먹을 수 없었다. 사정이 그렇게 된 것은 당시 전쟁이 잦았고 국가정책으로 인해 밀이 제대로 생산되지 않았기 때문이다.

작장면(위)과 짜장면(아래)

한국에만 있는 정통 중화요리에 대한 수사보고서

주방장이 양손으로 수타면을 만드는 모습

동 음식이고 그 산동 음식은 황실 음식이 되었으니 말이다. 그래서 만일 굳이 이른바 '중화요리'의 정체성을 찾는다면 그것은 산동요리가 되어야 한다. 현재에도 북경에서 유명한 노북경작장면(老北京炸醬麵)은 산동 음식으로 알려져 있다.

그러면 현재 산동 사람들이 먹고 있는 작장면과 한국인들이 먹고 있는 짜장면을 비교해보자. 우선 국수, 즉 면발을 만드는 것부터가 다르다. 산동의 작장면은 짜장면과 달리 칼국수다. 즉, 칼로 썰어서 국수를 만든다는 것이다. 반면 짜장면은 손으로 두들겨 만드는 수타면이나 기계로 뽑은 면을 사용한다. 지금 일반 중국집에서 짜장면과 같은 국수를 만들 때 모두 기계로 뽑은 것을 사용하고 있지만 내가 어렸을 때인 1960년대에는 대부분의 중국집에서 주방장이 밀가루 반죽을 가지고 양손으로 계속해서 겹쳐가면서 국수를 만들어냈다. 중국집에 가면 그

산동 두면장(위)과 한국의 춘장(아래)

모습을 보는 것이 다반사였는데 그때 그것을 보고 항상 신기해했던 기억이 난다(지금은 극히 일부 중국집에서 쇼 형식으로 지나가는 행인이 볼 수 있게 밖을 향해 이런 식으로 국수를 만들고 있다).

그 다음은 장의 같고 다름이다. 이 점에 대해서는 많이 알려져 있는 편이고 내가 다른 책에서도 언급했기 때문에 간단하게만 보자. 작장면의 장은 앞에서 말한 대로 밀로 만든 면장을 기름에 튀겨 사용하는데 한국의 춘장과 비교해보면 씁쓸하고 짜지만 고소한 맛도 난다. 이 장을 국수 위에 놓고 그것을 국수와 함께 비벼 먹는 것인데 이 과정에서도 양 국수가 다른 점을 보인다. 중국의 작장면은 사진에서 보는 것처럼 여기에 파나 오이 같은 생야채를 얇은 채로 썰어 곁들여 먹는다. 특히 대파를 면장에 찍어 먹는데 이렇게 하면 작장면에 있는 기름기를 중화시켜 좋다. 산동 사람들은 이처럼 대파를 좋아하는데 심지어 '대파 한 뿌리면 겨울을 난다'라는 말이 있을 정도이다. 보통 산동은 채소의 본향이라고 하는데 한국에서 배추김치용으로 쓰는 속이 꽉 찬 결구형 배추 역시 이 산동에서 들어온 것이다(이 배추를 호(胡)배추라고 부르기도 한다).

작장면을 먹을 때 대파만 먹는 것이 아니다. 마늘을 넣어 먹기도 하는데 이 생마늘이 의외로 면장과 잘 어울린다. 작장면 한 그릇에 마늘 3, 4개를 먹는 것이 다반사라고 한다. 이 이야기를 마에게서 처음 들었을 때 반신반의했는데 직접 체험해보니 마늘과 작장면이 상당히 잘 어울리는 것을 느낄 수 있었다. 이 실험을 위해 나는 마에게 작장면을 만들어 올 것을 주문했고 그는 집에서 직접 작장면을 만들어 내 문화공간까지 가져왔다. 산동 사람인 그가 작장면을 만들었으니 그야말로 완전 정통 작장면인 셈이었다.

사자표 춘장

작장면이 밀로 만든 면장을 사용하는 것에 비해 한국의 짜장면이 춘장을 사용한다는 것은 잘 알려진 사실인데 춘장은 콩을 주재료로 해서 만드는 것이다. 그래서 감칠맛이 진하고 단맛이 많이 난다. 사실 중국의 면장은 한국인들에게는 너무 짜다. 그래서 이 짠맛을 줄이고 단맛을 대폭 강화했는데 이 맛을 내기 위해 넣은 것이 '스테비오사이드'라는 것이다. 흔히들 사람들은 춘장의 단맛이 캐러멜 때문이라고 알고 있는데 그것은 사실이 아니다. 캐러멜은 다른 목적, 즉 장을 까맣게 만들기 위해 넣었다는 것이 정설이다. 중국의 면장은 오래 되면 검은색을 띠게 되는데 그 효과를 내기 위해 춘장에 일부러 캐러멜을 넣은 것이다. 이런 춘장이 한국에 처음 나온 것은 1948년에 산동 출신의 왕송산이라는 이가 '사자표 춘장'이라는 이름으로 출시한 것으로 알려져 있다. 이렇게 보면 짜장면이 세상에 나온 것은 이 이후가 되어야 한다.

중국 작장면은 앞에서 본 것처럼 나중에 채소들을 위에 얹어놓고 비벼 먹는 데에 비해 한국 짜장면은 만들 때부터 춘장에 양파나 (돼지) 고기, 혹은 감자 같은 것을 넣어 기름과 같이 볶는다. 그런데 이 춘장은 이미 달게 만들어져 있기 때문에 여기에 국수를 비벼 먹으면 중국의 작장면보다 훨씬 단 국수가 나온다. 이것은 앞서 말한 대로 중국의 작장면이 너무 짜 한국인들의 식성에 맞게 고친 결과이다. 이런 시도는 어떤 사람이 독자적으로 했다기보다 많은 사람들이 여러 시도를 해보다 가장 (한국인들의 입맛에) 맞는 소스가 나오게 된 것 아닐까 하는 생각이다.

그런데 이렇게 만들면 수분이 많이 생겨 한국 짜장면은 먹기가 아주 수월하다. 그래서 한국 짜장면은 중국의 작장면의 입장에서 보면 비벼 먹는 것이 아니라 말아먹는 것처럼 보일 수도 있다. 그렇게 볼 수 있는 것이, 작장면은 다 먹을 때까지 비빈 상태가 계속해서 유지되지만 짜장면은 먹는 과정에서 곧 물이 생겨나 국수를 다 먹은 다음에는 물기가 많이 늘어 까만 국처럼 되기 때문이다. 또 재미있는 것은 한국에는 짜장면 빨리 먹기 대회가 있다는 것이다. 음식을 빨리 먹는 대회가 있다는 게 웃기는 일이지만 이것은 한국의 짜장면이 물기가 많은 음식이라는 것을 말해준다. 이에 비해 중국의 작장면은 국물이 전혀 없어 빨리 먹는 것 자체가 불가능하다.

그 외에도 이 두 종류의 면 음식은 다른 점이 많다. 성격이 근본적으로 다르다고나 할까? 작장면은 집에서 해 먹는 가정식인 반면 짜장면은 다 아는 바와 같이 외식 혹은 배달식이다. 한국인들은 중국인들이 작장면을 어떻게 먹는지 잘 모른다. 이에 대한 정보는 국내에 어디에도 소개된 바가 없다. 이것은 산동 출신인 마 같은 사람이 아니면 알 수 없는 정보이다. 중국인이라도 산동 사람이 아니면 알 수 없다. 마에 따르면, 산동에서는 작장면이 일종의 별식처럼 되어 있단다. 산동의 여름은 너무 더워 한참 더울 때에는 불을 피워서 음식 만드는 일을 피하고 싶은 마음이 생긴단다. 그래서 그런 때를 대비해 면장을 미리 볶아 놓고 있다가 배가 출출하면 이미 만들어 놓은 면에 그것을 넣어 비며 먹는 것이다. 이때 생야채를 곁들이는 것은 물론이다. 이에 비해 한국의 짜장면은 먹는 계절이 따로 없다. 아무 때나 먹을 수 있고 아무 때나 배달을 시키면 곧 온다. 그리고 짜장면 먹는 법이야 한국인이면 다 잘 알 테니 소개할 필요 없겠다.

또 재미있는 것은 짜장면의 종류이다. 한국에는 여러 가지 다양한 짜장면이 있다. 우리는 그것을 당연하게 생각하지만 산동의 작장면은 사정이 영 다르다. 가정식이기 때문에 별 종류가 없다. 주로 여름에 먹고 별식으로 먹으니 여러 가지로 다양하게 바꾸어 먹을 필요성을 느끼지 못했을 것이다. 반면에 한국의 짜장면은 365일을 먹는 음식이고 한국인들이 아주 좋아하는 음식인지라 변종들이 나오기 시작했다. 간단한 예를 들어보면, 짜장 만큼이나 인기가 많은 간짜장을 비롯해 유니짜장, 삼선짜장, 쟁반짜장, 사천짜장 등 적지 않은 짜장면 변형이 있는 것을 알 수 있다.

이중에서 간짜장은 춘장을 야채나 고기와 함께 볶을 때 짜장면을 만들 때보다 더 많은 기름을 넣고 볶기 때문에 그냥 짜장면을 먹을 때보다 기름기를 더 느끼게 된다. 유니짜장은 유미짜장이라고도 불리는데 돼지고기 등을 곱게 갈아서 넣기 때문에 부드러운 맛이 더 난다. 삼선짜장은 3가지 해산물을 넣어 만드는데 보통 새우나 갑오징어, 그리고 건해삼을 넣어 만든다. 그래서 면을 먹으면서 이런 재료들을 씹는 맛이 좋다. 한편 쟁반짜장은 춘장과 면을 함께 볶아낸 뒤 커다란 쟁반에 담아내는 짜장면이다. 이 짜장면은 2000년대 들어서부터 유행하기 시작했다고 하니 아주 최근에 생긴 것을 알 수 있다. 마지막으로 사천짜장이야 고추 같은 것을 넣어 맵게 만든 짜장면을 말한다.

지금까지 말한 것을 표로 만들어 보면 다음과 같다.

	산동 작장면	한국 짜장면
면발	칼국수 위주	수타, 기계
소스	면장	춘장
재료	파, 오이 등 각종 제철 야채	양파, 감자, 고기
성격	가정식	배달식, 외식
종류	없음	다양함
먹는 계절	주로 여름	4계절
먹는 속도	천천히 먹음	빨리 먹음
수분(물)	적음, 비벼 먹는 면	많음, 말아 먹는 면
맛	쓸쓸하면서 고수함, 짠 맛	감칠맛, 단맛, 기름의 맛

이렇게 두 면을 비교해보면, 이 두 면은 그 근원은 같은데 현재의 모습을 보면 같은 음식이라고 하기에는 너무 다르다. 잘 알 수 있는 것처럼 산동의 작장면이 완전히 한국화 되어 짜장면이 된 것이다. 그래서 서로 완전하게 다른 음식이 된 것이니 작장면은 중국 음식이고 짜장면은 한국 음식이라고 하면 가장 적절한 표현이 아닐까 싶다.

짬뽕　　　　짬뽕은 그 만들어진 과정이 잘 알려져 있어 그다지 상세한 설명이 필요 없을 것 같다. 이 짬뽕의 유래에는 한국 유래설과 일본 유래설이 있는데 대체로 일본 유래설 쪽으로 의견이 모아지는 듯하다. 그런데 한국 유래설에서 우리는 이상한 점을 발견한다. 한국 유래설에 따르면 짬뽕은 인천의 화교들이 먹던 산동유래의 초마면(炒碼麵)에서 비롯되었다고 한다. 그래서 한국에서 유래한 것이라는 것인데 여기에는 어폐가 있다. 즉 그 국수를 먹었던 곳이 한국이라는 것일 뿐 그 기원은 중국이니 말이다. 이렇게 보면 이것도 한국 유래설이라고 하기보다는 중국 유래설이라고 하는 것이 맞지 않나 하는 생각이다.

그런데 진짜 문제는 이것이 아니라 다른 것에 있다. 이 초마면이라는 게 정작 중국에는 존재하지 않기 때문이다. 이 존재하지 않는 요리가 어떻게 나와 돌아다니는지는 잘 모르겠다. 산동 출신인 마가 이 면의 정체를 알아보려고 진력했지만 중국에서는 찾을 수가 없었단다. 중국의 최대 검색 사이트인 '바이두'를 찾아봐도 초마면은 한국의 국수라고 나오지 중국의 음식이라고 하지는 않는다. 그런데도 한국의 중국집들의 메뉴판을 보면 모두 짬뽕을 한자로 초마면이라고 써놓는다. 어떻게 해서 이렇게 됐는지는 더 조사해봐야 하는데 문제는 조사할 데가 없다는 것이다.

한편 일본유래설은 잘 알려진 대로 일본의 나가사키에 살던 중국 복건성 출신의 화교 진평순(陳平順)이라는 사람이 제일 처음 만들었다는 설이다. 그가 나가사키에 거하던 중국 유학생들이 가난해 배를 곯는 것을 불쌍히 생각해 그 지방의 근해에서 많이 잡히는 해물을 듬뿍 넣어 가격이 싼 국수를 만들었다는 것이 그것이다. 이 설이 지지를 받을 수 있는 것은 진평순이 짬뽕을 처음 시작한 사해루(四海樓)라는 음식점이 여전히 있을 뿐만 아니라 그 건물에는 짬뽕 박물관까지 있다고 하니 말

일본 나가사키에 있는 사해루

이다. 지금은 그의 증손자가 같은 가게에서 여전히 영업을 하고 있다
고 한다.

진평순이 처음에 소개한 국수는 탕육사면(湯肉絲麵)이라는 잘못된
이름으로 불리는 음식이다. 그는 이 음식에다 해물을 많이 넣어 짬뽕
을 만든 것이다. 그러니 이 면이 짬뽕의 시조라 할 수 있는데 원래 이
면에는 해물이 그리 많이 들어가지 않았다고 한다. 그러다 이 면에 해
물이 많이 들어가면서 짬뽕이 탄생하고 이로 인해 그 뒤로 짬뽕이라고
하면 으레 해물이 많이 들어간 국수가 된다. 그런데 앞에서 나는 이 이
름이 잘못 되었다고 했다. 이 국수에 대한 한국 자료를 보면 모두 탕육
사면이라고 나오는데 이것은 잘못 된 것이다. 탕육사면이 아니라 '육사
탕면'으로 바꾸어야 한다. '탕'이라는 글자는 앞으로 나올 수 없는 것이
다. 육사탕을 탕육사라고 하는 것은 보신탕을 '탕보신'이라고 하는 것

나가사키 짬뽕(위)과 한국 짬뽕(아래)

한국에만 있는 정통 중화요리에 대한 수사보고서

과 같다. 그러니 탕이라는 글자가 앞에 나오는 것은 잘못된 것이라는 것이다. 이 국수는 '육사탕면'이라는 이름으로 현재 중국에도 있다.

이 예에서도 알 수 있듯이 중국 음식에 대한 한국에서의 설명에는 잘못 되어 있는 것이 꽤 있다. 설명뿐만 아니라 이름부터가 잘못된 것이 꽤 있다. 이에 대해서는 앞으로 각각의 음식을 소개할 때 지적하고자 한다. 한편 짬뽕이라는 이름에 대해서도 몇 가지 설이 있는데 분명한 것은 없다. 복건성 사투리에서 비롯되었다는 설이나 잡다한 것을 뜻하는 일본어에서 유래했다는 설 등이 있는데 아직 어떤 것이 맞는지는 모른다.

짬뽕 만드는 것을 보면 분명 중국의 영향이 느껴진다. 냄비에 돼지고기나 제철 채소를 먼저 넣고 볶다가 오징어나 조개 같은 해물을 넣고 또 볶는다. 그러다 거기에 물이나 육수를 넣어 국물에 맛이 들 때까지 끓인다. 여기에 굴 소스나 참기름을 넣어 간을 맞추면 짬뽕국물이 완성되는 것이다. 이것을 면에 부어서 말아 먹으면 되는 것이다. 짬뽕에서 중국의 영향이 느껴진다는 것은 우선 재료들을 기름에 볶기 때문이다. 그리고 거기에 물을 붓고 끓이는 것도 그렇다. 이런 조리 방법들은 전통적인 한국 음식에서는 발견할 수 없는 것들이다. 전통 한식에는 기름으로 볶는 음식이 거의 없기 때문이다.

그런데 한국인들은 이 음식을 이렇게 중국 음식으로만 남기지 않았다. 자신들의 입맛에 맞게 기어코 한식으로 만들어버린 것이다. 한국인들은 이 작업에 성공해 이제는 짬뽕도 짜장면처럼 한국 음식이라고 부르는 데에 크게 주저할 필요가 없을 것이다. 이 음식에는 잘 알려져 있는 것처럼 처음에는 고추나 고추기름이 들어가지 않았다. 중국인들이 그런 매운 국을 좋아할 리가 없기 때문이다. 그래서 원래는 국물이

맵게 바뀐 한국의 짬뽕

육수 색깔인 회색이었다고 한다. 이 때문으로 생각되는데 1970년대 초까지 이런 색깔과 맵지 않은 맛 때문에 짬뽕이 그렇게 인기 있는 음식은 아니었다. 그러나 모든 음식에 고추를 넣어 맵게 만드는 데에 선수인 한국인들은 이 음식에도 고추나 고추기름을 넣기 시작했다. 그래서 매운 국물의 국수로 다시 태어났고 이 새로운 짬뽕이 한국인들의 크나큰 사랑을 받게 된 것이다.

물론 짬뽕에 매운 짬뽕만 있는 것은 아니다. '굴짬뽕'처럼 맵지 않은 짬뽕도 있는데 재미있는 것은 이 굴짬뽕이 원래 짬뽕에 더 가깝다는 사실이다. 짬뽕이 한국인들에게 인기를 끌 수 있었던 또 하나의 이유는 한국인이 워낙 국물을 좋아하기 때문일 것이다. 한국인들의 국물 사랑은 재언을 할 필요가 없을 정도로 잘 알려져 있다. 게다가 짬뽕 국물은 그냥 적당한 맛이 아니라 매콤하기 때문에 한국인들의 입맛에 꼭 맞았다. 아니, 한국인들이 자신들의 입맛에 맞게 만드느라 국물을 맵게 만들었다는 게 더 합당한 설명이겠지만 말이다.

짬뽕이 이렇게 바뀌었기 때문에 중국인들은 이 짬뽕을 보아도 그것을 자신들의 음식이라고 생각하지 않는다. 중국인들에게 짬뽕은 그냥 매운 국물에 국수를 풀어놓은 이상한 국수 음식처럼 보일 것이다. 주위에 있는 중국 학생들에게 물어보면 한결같이 이런 대답이 나왔다. 자신들은 짬뽕을 중국음식으로 인정할 수 없다는 것이다.

그런데 이 짬뽕과 관련해서 완전히 한국적인 음식이 나오게 되어 재미있다. '짬뽕밥'이 그것이다. 전 세계를 다 살펴본 것은 아니지만 한국인은 전 세계 여러 민족 가운데 거의 유일하게 국에 밥 말아먹는 것을 좋아하는 민족 아닐까 한다. 오죽 말아먹는 것을 좋아했으면 물에다가도 밥을 말아 믹을 생각을 했을까? 그래서 이 짬뽕밥은 한국인들이 즐겨 먹는 국밥의 짬뽕화라고 보면 되겠다. 국이 짬뽕 국물로 바뀐 것이라는 것이다.

한국인들이 밥을 국에 말아서 먹는 것을 좋아한다는 것을 알고 싶으면 탕을 다 먹고 그 국에 밥을 넣고 죽처럼 만들어 먹는 것을 보면 된다. 그 대표적인 예가 바로 샤브샤브이다. 한국인들은 이런 음식을 먹을 때 마지막에 종종 그 국물에 밥을 말아 졸여 먹는다. 그런데 이런 일은 중국에서는 금물이다. 왜냐면 그들은 그 국물을 그다지 좋게 여기지 않기 때문이다. 그들은 이 국물을 고기나 채소를 씻은 물 정도로 생각하지 우리처럼 고기 국물로 생각하지 않는다. 반면 한국인들은 국물을 사랑하는 사람들이기 때문에 짬뽕 국물에 밥을 말아 먹을 생각을 했을 것이다.

이런 짬뽕의 변형 식품을 보면, '홍합 짬뽕'이라는 짬뽕의 변종도 한

한국의 백짬뽕

국에서 새롭게 개발한 짬뽕일 것이다. 그럴 수밖에 없는 것이 우선 국물이 빨개 맵고 해물이 기름에 튀기지도 않은 채 익혀서 들어가 있기 때문이다(물론 중국 음식에서도 익힌 해물을 적지 않게 먹지만). 게다가 조개껍질을 제거하지도 않고 그냥 수북이 국수 위에 올려놓는 것은 중국 음식에서는 상상하기 어려운 모습이다(어떻든 중국에는 이런 음식이 없다).

　이런 음식과 관계해서 또 하나 볼 것은 중국집의 식탁이다. 한국의 이른바 동네 중국집을 가면, 꼭 동네 중국집만 그런 것은 아니지만, 그 식탁에는 항상 단무지와 양파, 그리고 춘장이 나온다. 그런가 하면 식초와 간장과 함께 고춧가루도 놓여 있다.* 바로 이런 상차림이야말로

---

* 중국에 있는 음식점 중에도 한국의 중국집 식탁에 놓여 있는 것들이 있는 경우가 있다. 중국 북방에 있는 국수집에 가면 식탁에 식초와 기름에 튀긴 고춧가루가 놓여 있다고 한다. 이 가운데 식초는 한국처럼 투명한 것이 아니라 곡식으로 양조한 간장처럼 까만 색깔을 띠고 있다. 한국인들은 식초를 단무지 위에 뿌려 먹지만 중국 북방에서는 국물이 있는 국수에 넣어 먹는다.

바로 한국의 전형적인 중국집 식탁 모습이다. 그런데 이 작은 식탁 위에 한중일 및 서양 음식들이 총동원되어 있어 재미있다. 지금 방금 본 짬뽕은 중일한(中日韓) 세 나라가 순차적으로 참여하면서 만들어낸 동북아 음식이다. 여기에 반찬이 가세하는데 일본 음식인 단무지와 서아시아나 서양서 들어온 양파가 그것이다. 반찬에서는 일본 음식과 서양의 음식이 섞여 있는 것이다. 양파가 이 식탁 위에 등장하는 이유는 중국 음식의 기름기를 중화시키기 위한 것일 것이다. 중국서는 식사할 때 차를 항용하기 때문에 (생)양파 같은 음식이 필요 없지만 한국에서는 차가 나오지 않으니 그것을 대신해 양파를 먹는 것이다. 이렇게 보면 이 작은 식탁 위에 동서양의 음식이 융합되어 있는 것이 되니 신기한 생각이 든다.

볶음밥 한국인들이 중국 음식을 시킬 때 국수가 먹기 싫을 경우 가장 많이 시키는 음식이 바로 이 볶음밥이다. 이 음식은 분명 중국의 음식에서 유래한 것이다. 전통 한식에는 밥을 기름에 볶아 먹는 음식이 없기 때문이다. 볶음밥이 한국 식단에 등장한 것은 아마도 일제기 같다. 한국인이 볶음밥을 먹었다는 기록이 그때에 가서야 신문에 등장하기 때문이다. 예를 들면 1939년 10월 19일자 동아일보에 나온 것이 그것이다. 그 기사를 보면 '된 밥을 해먹는 집에서 남은 찬밥을 모았다가 참으로 맛있는 밥을 중국식으로 해먹을 수 있다'라고 되어 있는데 이것이 볶음밥에 대한 초기 기록인 것으로 알려져 있다.

그런데 지금 중국집에서 팔고 있는 이 음식을 보면 무언가 이상하다는 생각을 지울 수가 없다. 가장 이상한 것은 볶음밥과 함께 짜장 소스가 같이 나오는 것이다. 그래서 사람들은 볶음밥을 그 소스에 비벼서

밥을 기름에 볶는 모습

먹는데 그렇게 되면 그것은 짜장밥이지 볶음밥이 아니다. 그런데 짜장 소스가 처음부터 볶음밥과 같이 나왔던 것은 아니다. 내가 학생 시절 이었던 1960년~1970년대에는 짜장 소스가 나오지 않았다. 그런데 어찌 된 일인지 언젠가부터 짜장밥이라는 정식 메뉴가 있는 데도 불구하고 볶음밥에 짜장 소스가 같이 나왔다. 그런데 이것은 사실 말이 안 되는 일이다. 나는 이 현상을 두고 이것은 볶음밥을 모독하는 것이라고 농담조로 말해왔다. 왜냐하면 볶음밥은 엄연한 독자적인 음식이니 그 음식이 갖고 있는 고유한 맛을 즐겨야 하는데 난데없이 강한 소스인 짜장을 가져다 비벼 먹으니 말이다. 또 짜장밥이라는 별개 메뉴가 있으니 짜장에 비빈 밥을 먹고 싶으면 짜장밥을 시키면 되지 굳이 볶음밥을 시킬 필요가 없지 않겠는가. 사정이 이렇게 된 데에는 이유가 있는데 그것을 알려면 중국 볶음밥에 대해서 먼저 보아야 할 것이다.

볶음밥의 중국 이름은 단초반(蛋炒飯)이다. 단초반을 풀어 설명하면 '계란을 볶아서 만든 밥(계란볶음밥)'이라고 할 수 있다. 이 음식의 역사는 한나라 때까지 올라갈 수 있다고 한다. 한 나라 재상의 부인의 무덤인 마왕퇴 묘에서 발굴된 죽간을 보면 란고(卵熇*)라는 음식에 대한 기록이 나온다. 음식 전문가들에 따르면 이 음식은 찹쌀과 계란으로 만든 음식인데 지금의 볶음밥과 꼭 같은 것은 아니지만 볶음밥의 전신으로 볼 수 있다고 한다. 오늘날의 볶음밥과 같은 것이 나온 때가 수나라 때라고 하니 이 음식의 역사가 매우 긴 것을 알 수 있다. 수양제가 양주(당시는 강도)에 행차한 적이 있었는데 이때 볶음밥이 양주에 전해져 지금껏 양주의 대표 음식처럼 되었다. 후에 이 음식은 중국 전역에 퍼져나가 많은 변형이 생겼는데 볶음이라는 요리법의 사용에 대한 기록과 쌀 생산량을 고려하면 오늘날 우리가 먹는 볶음밥과 비슷한 형태의 음식이 나타난 것은 대체로 청나라 초기의 일로 추정된다.

　한국의 중국집 볶음밥에 짜장 소스가 나오는 이유는 한 마디로 말해 이 음식이 맛이 없기 때문이다. 맛이 없게 된 데에는 한국에서 먹는 쌀과 중국에서 먹는 쌀이 서로 다른 탓이 크다고 하겠다. 원래 볶음밥에 들어가는 쌀은 점성이 없는 인디카 종이다. 이 쌀은 세계 쌀 생산량 중 90%를 차지하는데 선미(籼米)라고도 불리고 그 모습을 보면 세로로 길쭉하고 점성이 없다. 그래서 이 쌀로 밥을 하면 끈적끈적한 기운이 전혀 없어 입김으로 불면 쌀알이 날아간다. 이에 비해 우리가 먹는 쌀은 자포니카 종으로 전 세계 쌀 생산량의 10%만 차지하고 있다. 이 쌀은 갱미(粳米)라고 불리는데 전체 모습은 타원형이나 원형으로 되어 있고 단면은 원형에 가깝다. 이 쌀은 우리가 주식으로 먹는 것이니 그 특징

* 熇: 요리 방법 중의 하나이다. 약한 불로 생선, 고기 등과 같은 재료를 졸여서 물이 없어지도록 하는 방법이다.

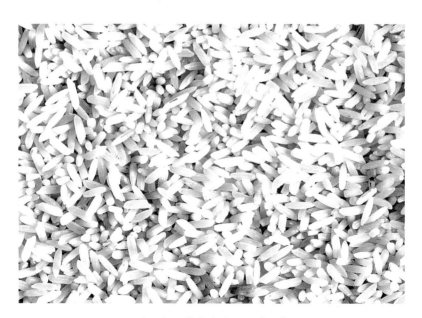

자포니카 쌀(위)과 인디카 쌀(아래)

한국에만 있는 정통 중화요리에 대한 수사보고서

을 잘 안다. 인디카와 비교했을 때 점성이 아주 강한 것이 특징이다.

볶음밥을 요리할 때에는 인디카 쌀을 써야 한다. 그런데 맛있는 볶음밥이 나오려면 몇 가지 조건을 채워야 한다. 그 조건을 보면, 끓여서 만든 밥보다는 찐 밥이 좋고 또 갓 만든 밥이 아니라 찬밥으로 만들어야 한다. 그래야 가장 맛있는 볶음밥이 나온다. 이 쌀은 점성, 즉 찰기가 없어 잘 볶아진다. 맛있는 볶음밥의 비결은 각 쌀알이 잘 볶아져야 하고 채소나 고기 같은 재료의 맛이 쌀알에 잘 스며들어가야 한다. 그러기 위해서는 인디카 종 쌀처럼 쌀알이 따로따로 놀아야 한다. 우리가 먹는 자포니카처럼 쌀알이 붙어 있으면 재료가 쌀알에 스며들어갈 수 없어 맛이 떨어진다. 인디카 쌀은 밥알이 떨어져 있어 밥 알갱이 하나하나에 기름과 재료 맛이 스며들어 맛있는 음식이 되는 것이다.

이 말이 무엇인가를 알기 위해서는 이 볶음밥을 어떻게 만드는지 잠깐 보아야 한다. 볶음밥에도 여러 종류가 있지만 여기서는 양주 지방의 가정에서 만드는 볶음밥을 보자. 이 지방의 볶음밥은 재료로는 완두콩과 당근, 햄, 깐 새우, 계란, 대파, 마늘 등을 쓰고 양념으로는 식용유와 소금을 사용한다. 요리를 하기 위해서는 우선 이 재료들을 잘게 혹은 알맞게 썰어 놓아야 한다. 그런 다음 뜨거운 기름에 대파와 마늘을 넣고 볶다가 향이 나면 햄과 새우, 당근을 재빨리 넣어 익혀서 꺼낸다. 다음 작업은 뜨거운 기름의 가장 자리에 계란을 부어 재빨리 젓가락으로 휘젓는 것이다. 이때 타이밍이 아주 중요하다. 계란이 익어 굳어지기 전에 찬밥을 넣어 계란과 고르게 섞이도록 잘 볶아야 하기 때문이다. 이 작업이 끝나면 여기다 아까 볶아놓은 재료들을 넣고 계속 볶는다. 어느 정도 볶아지면 소금으로 간을 하고 익힌 완두콩을 넣으면 볶음밥이 완성되는 것이다.

중국 볶음밥(위)과 한국 볶음밥(아래)

한국에만 있는 정통 중화요리에 대한 수사보고서

그런데 이때 아주 중요한 것이 있다. 불을 어떻게 다루느냐는 것이 그것이다. 중국 음식은 불에 따라 맛이 완전히 달라지기 때문에 불과의 싸움을 거쳐서 나온다고 하는 사람도 있다. 그런 맥락에서 중국 요리사들은 재료들을 강한 화력으로 순간적으로 볶아내는 것을 최고로 친다. 불이 세면 음식이 익는 시간이 짧아져 원 재료의 질감을 살릴 수 있다. 예를 들어 야채의 경우 센 불로 익히면 수분이 빠져 나오기 전에 익힐 수 있기 때문에 아삭한 식감을 살릴 수 있다. 중국인들은 야채를 먹을 때 바로 이 아삭한 식감을 매우 중요하게 생각한다. 고기도 마찬가지이다. 센 불을 쓰면 육즙이 빠져나오기 전에 고기를 익힐 수 있어 고기의 육즙을 즐길 수 있고 부드러운 식감을 유지할 수 있다. 뿐만 아니라 이처럼 수분이 나오지 않기 때문에 요리가 더 깔끔해진다고 할 수 있다. 그런가 하면 불이 세게 되면 그 불이 팬 안으로 들어와 기름이나 음식과 직접적으로 접촉하게 된다. 여기서 바로 '불맛'이라는 독특하고 새로운 맛이 나오는데 이 또한 음식의 맛을 올리는 데 중요한 역할을 한다.

중국 볶음밥이 맛있는 것은 바로 이 때문인데 화력이 강하면 팬 안에 있는 기름이 불타올라 그 불에 밥이 꼬들꼬들해진다. 그런데 한국에서 먹는 쌀은 점성이 강해 기름으로 잘 볶을 수가 없다. 밥알들이 서로 붙어 있기 때문에 밥알이 골고루 튀겨지지 않는 것이다. 그래서 재료들의 향이 밥알에 스며드는 정도도 현저히 떨어진다. 한국 중국집의 볶음밥이 맛이 없는 이유가 바로 여기에 있는 것이다. 이 볶음밥은 이처럼 중국 볶음밥에서 나는 향이나 맛이 나지 않으니 무식하게 짜장 소스로 비벼먹는 것이다. 그래서 앞에서 이는 볶음밥을 모독하는 짓이라고 했던 것이다.

한국 음식 가운데에 중국 볶음밥에 상응하는 음식을 고른다면 비빔밥이 그에 합당할 것이다. 중국인들은 볶아 먹는 것을 좋아하고 한국인들은 비벼서 먹는 것을 좋아하기 때문이다. 양국의 음식에서 이런 차이가 생긴 것은 곡식의 특성이나 기후, 체질 그리고 식습관 등이 다르기 때문일 것이다. 우선 중국의 쌀은 볶는 데에 적합하지 비비는 것은 거의 불가능하다. 쌀알에 점성이 없으니 비빌 수 없는 것이다. 이에 비해 한국의 쌀은 볶는 것보다는 비비는 데에 적당하다. 점성이 강하니 비빌 수 있는 것이다. 그런가 하면 한국은 기후가 비교적 따뜻하고 사람의 체질 역시 열이 많아 찬 음식도 잘 먹는다. 그래서 찬밥으로 비빔밥을 만들어도 잘 먹는다. 그에 비해 중국인들은 따뜻한 요리를 좋아한다(중국인들은 한국 식당에서 찬 물 주는 것을 이해하지 못한다!). 이런 중국인들은 볶음밥처럼 강한 불로 볶아 따뜻하게 만든 음식을 좋아하는 것이다.

그런데 한국에도 볶음밥이 없는 것은 아니다. 김치볶음밥 같은 한국식 볶음밥이 있다. 또 식당에서 전골 같은 국물 요리를 먹고 마지막에 그 국물에 볶아 먹는 음식이나 닭갈비 같은 것을 먹고 나중에 그 팬에다가 밥을 볶아 먹는 것은 전형적인 한국식 볶음밥이라 할 수 있다. 이러한 음식들은 중국의 볶아 먹는 요리의 영향을 받았으되 전체적인 성격은 비벼먹는 음식이다. 볶음밥이라고는 하지만 기름이 들어갈 뿐 그 주요 콘셉트는 비비는 것이다. 그래서 이 음식을 굳이 정의한다면 볶음밥과 비빔밥을 섞은 퓨전 음식이라고 할 수 있다. 중국과 한국의 식습관이 한 데 섞여 훌륭한 음식이 만들어진 것이다.

한국인이 좋아하는 중화요리의 정체성을 찾아

이제부터 우리는 그동안 한국인들이 그토록 좋아했던 이른바 중화요리가 과연 어떤 음식인가에 대해 보려고 한다. 이를 위해 중국요리의 대표 선수 같은 탕수육부터 볼 것인데 이런 개별적인 요리를 보기에 앞서 중국 음식을 이해하기 위해서 알아야 할 몇 가지 사항에 대해 먼저 살펴볼 것이다. 가장 먼저 다루고자 하는 것은 중국 음식에 많이 쓰이는 향신료이다. 전 세계 음식에는 각기 그에 걸 맞는 향신료가 있는데 중국 음식에도 고유의 향신료가 있다. 중국 음식에는 향신료 말고도 고추기름이나 간장과 같은 수십 가지의 조미료가 있는데 이 조미료는 다른 나라 음식에도 쓰이는 것이 많아 굳이 이 지면에서 볼 필요가 없을 것이다. 이와 달리 향신료는 중국 음식을 중국 음식답게 만드는 것이라 이 책이 중국 음식 소개서는 아니지만 잠깐이라도 볼 필요를 느낀다.

향신료를 잠시 보고 난 다음에는 중국 요리들의 이름을 읽는 방법에 대해 살펴볼 것이다. '라조기'니 '깐풍기'니 하는 중국 요리들의 이름은 하도 많이 들어 익숙하기는 한데 그 뜻에 대해서 아는 사람은 그리 많지 않다. 이 이름들이 어려운 한자로 되어 있기 때문이다. 게다가 정식의 중국 발음으로 적혀 있지 않아서 이해하기가 더 더욱이 힘들다. 다음 작업으로 바로 이 중국요리들의 이름에 대해 보는데 이 이름들은 일정한 방법으로 구성되어 있어 그 원리만 알면 쉽게 각 요리의 성격을 알 수 있다. 이처럼 중국 요리의 이름을 이해하면 중국 요리를 이해하는 일이 훨씬 쉬워질 것이다. 이 이름에는 요리법이나 재료 등이 나란히 예시되어 있다. 따라서 이것만 안다면 중국 요리는 어떤 재료를 어떻게 요리하는지 쉽게 알 수 있다. 이 일이 끝난 다음에는 그 지식을 가

오향을 비롯한 향신료들(순서대로 계피, 회향, 정향 팔각, 화초)

지고 탕수육을 시작으로 각각의 개별 요리를 보면서 이른바 중화요리의 정체성을 밝혀 볼 것이다.

중국 음식에 들어가는 향신료들

향신료는 음식을 만드는 데에 대단히 중요한 역할을 한다. 음식 맛을 더해 주고 고기처럼 재료에서 냄새가 나면 그것을 제거해주는 역할도 한다. 그런가 하면 향신료 중에는 방부 작용을 가진 것도 있어 음식을 장기적으로 보존하는 데에 탁월한 효과를 보이는 것도 있다. 예를 들어 후추 같은 향신료는 음식을 장기 보존하는 데에 탁월한 효능이 있어 오랜 기간 배를 항해하는 사람들이 음식을 보존하려고 할 때 자주 애용했다고 한다. 향신료는 많은 경우 식물의 열매나 씨앗, 혹은 뿌리 등을 그대로 쓴다. 그 외에도 이런 재료들을 건조해 쓸 수도 있고 아니면 말린 것을 가루로 만들어 쓸 수도 있다.

중국 음식에 들어가는 대표적인 향신료들을 보면 대체로 5가지 정도를 들 수 있다. 이것을 이른바 5향이라고 하는데 화초(花椒), 팔각(八角), 회향(茴香), 계피(桂皮), 정향(丁香)이 그것이다. 이것들이 들어가면서 중국 음식에는 고유한 향이 나게 된다. 이 가운데에서도 화초나 팔각의 향이 특히 강한데 우리가 중국에 가서 음식점에 들어갔을 때 맡게 되는 냄새가 바로 이것들의 향이다. 한국인들이 이 향들을 강하게 느끼는 것은 한국 음식에는 잘 쓰이지 않는 향이기 때문일 것이다.

이 향신료들에 대해 각각 보면, 우선 화초는 대초, 진초, 촉초, 천초, 산초 등 여러 가지 별칭으로 불리는데 화초나무의 열매를 가리킨다. 현대 중국에서는 이 열매의 맛을 마(麻)라고도 표현한다. 한국 음식에도 이와 비슷한 향신료(산초)가 아주 제한적으로 쓰이고 있는데 특히 추어탕에 들어가는 것이 그것이다. 이 향신료의 특징은 혀를 얼얼하게 해서 마비시키는 데에 있다고 하겠다. 이렇게 혀를 자극하여 잠깐 동안 마비시키기 때문에 이 향신료가 들어간 음식을 먹으면 청량한 느낌을 받는다. 중국 젊은이들 사이에서는 이 화초를 지뢰라고도 부른단다. 왜냐하면 이것을 입 안에 넣고 터트려서 씹으면 입안이 마비되는 느낌을 받기 때문이다. 그만큼 이 향신료는 향이나 맛이 강하다.

다음에 볼 향신료는 팔각으로 사진에서 보는 것처럼 팔각형 별 모양을 하고 있어 이름이 그렇게 만들어졌다고 한다. 이것은 소회향과 구별하기 위해 대회향이라고도 부른다. 또 산동이나 북경에서는 대료(大料)라고 부르기도 한다. 팔각은 팔각나무의 열매를 말려서 사용한다. 맛을 언어로 표현하기가 매우 힘든데 상렬한 향기를 갖고 있다고 말할 수밖에 없겠다. 이 향신료는 육류 요리에 많이 쓰인다. 이 대회향과 이름이 비슷한 소회향이라는 것이 있는데 사진에서 보는 바와 같이 볍씨처럼 생겼다. 이 향신료는 쇠고기나 양고기의 누린내를 감소시키는 역할을 한다. 그 다음은 계피(桂皮), 즉 계수나무 껍데기가 있는데 이것은 한국에서도 쓰는 것이라 그 향에 대해서는 설명이 필요 없을 것이다. 계피를 사용하는 한국 음식 가운데 대표적인 것으로는 수정과를 들 수 있겠다. 마지막으로 정향인데 이것은 정향나무의 꽃봉오리를 말려서 만든다. 이 향신료는 '알싸하게' 매워 자극적이지만 상쾌하고 달콤한 향을 갖고 있는 것이 특징이다.

그런가 하면 이 5가지 향을 다 섞어 만든 오향분도 있다. 이 향은 중국의 전 지역에서 쓰이고 있지만 지역 마다 각 향신료의 배합률이 조금씩 다르다. 이것은 중요한 향신료를 다 섞은 것이니 혼합향신료라 할 수 있는데 오행철학에 맞추어 만들었다는 설도 있다. 즉 쓴맛, 단맛, 신맛, 짠맛, 매운맛의 혼합이라는 것인데 반드시 그런지는 한 번 더 생각해볼 여지가 있다. 이 향이 들어가는 음식 중에 한국인에게 가장 익숙한 것은 오향장육일 것이다(그러나 한국에서 만드는 오향장육에는 이 5가지 향이 다 들어가지 않는다).

다음으로는 향신료라 할 수는 없지만 중국 음식에 많이 들어가는 풀이 있다. 이 풀들은 중국 음식에는 많이 들어가지만 이 풀을 처음 접한 한국인들은 기겁하는 그런 풀이다. 그 가운데 대표적인 것은 말할 것도 없이 향채(香菜, 샹차이), 즉 한국에서는 고수로 불리는 풀이다. 탕이나 국수에 많이 들어가는 것으로 이 풀은 중국뿐만 아니라 베트남, 태국 같은 동남아 국가의 음식에도 아주 많이 사용된다. 한국인들이 이 풀을 빈대풀이라 부르는 데에서도 알 수 있듯이 대부분들의 한국인들은 이 향이 역해 먹지 못한다. 풀에서 빈대 냄새가 난다고 이름을 그렇게 만든 것일 것이다.

이 향신료는 중국에서도 남방으로 갈수록 그 향이 강해지는데 어성초(魚腥草) 같은 풀을 쓰는 지역을 보면 그 분포를 알 수 있다. 이 풀은 물고기 비린내가 나는 풀로 대단히 향이 강해 한국인들이 극력 기피하는 풀이다. 그런데 이 풀의 향이 강하긴 강한가 보다. 왜냐하면 사람이 이 풀을 먹으면 오죽하면 모기도 달려들지 않는다고 하니 말이다. 이 풀은 중국의 북부에서는 먹지 않는다. 대신 운남이나 귀주, 혹은 사천처럼 남쪽 지방에서 많이 먹고 동남아에서도 많이 먹는다. 나도 계림에 갔을 때 길거리에서 이 풀이 든 국수를 사서 먹은 적이 있는데 같이 갔던 한국인들은 그 국수 근처에도 가지 않으려고 했던 모습이 아직도 눈에 선하다(그러나 나는 그 국수를 다 먹었다).

고수(위)와 어성초(아래)

한국에만 있는 정통 중화요리에 대한 수사보고서

그런데 앞에서 말한 것처럼 이 향신료들은 한식에는 거의 쓰이지 않는다. 그뿐 아니라 한국인들이 중국집에서 먹는 '중화요리'에도 이런 향신료는 거의 들어가지 않는다. 중국인들은 이 향신료가 들어간 음식을 먹어야 중국적인 맛을 느낄 텐데 한국의 중국 음식에는 이것들이 거의 쓰이지 않으니 이 음식들을 중국 음식이라고 불러야 할지 말아야 할지 주저될 것이다. 그 자세한 상황은 밑에서 각각의 음식을 다루면서 보게 될 것이다. 그런데 짐작컨대 이런 중국 음식이 한국에 처음 소개됐을 때에는 이 향신료들이 많이 쓰였을 것이다. 그러나 한국인들이 이것들을 먹지 못한다는 것을 알아차린 중국요리사들이 중국 음식에서 점차 이 향신료들을 뺐을 것이다. 그 결과 한국에서 오늘날과 같은 중화요리가 탄생한 것이리라.

중국 음식 이름 이해법

중국 음식을 이해하려면 요리 이름부터 잘 알아야 한다. 중국집에 가서 메뉴판을 보면 요리 이름만 보아서는 도무지 무슨 요리인지 알 수 없는 게 너무 많기 때문이다. 요리 이름이 중국어처럼 보이는 단어로 구성되어 있어 한국인들이 알 수 없는 것이다. 게다가 이 이름들이 일관성 있게 되어 있는 것이 아니라 어떤 것은 중국 발음으로 되어 있고 어떤 것은 한국 발음으로 되어 있어 그것들을 분별해내기가 쉽지 않다. 뿐만 아니라 중국 발음도 한국화 된 발음으로 적혀 있는 경우가 있어 그 이름을 이해하는 일이 더 어려워진다. 그러나 이 요리 이름은 나름대로 일정한 법칙으로 구성되어 있어 그 구성 원리를 알면 중국 요리의 이름을 해독하는 것이 가능해진다. 그러면 이제부터 중국 요리 이름의 구성 원리에 대해 보도록 하자.

'중화요리' 읽는 법

먼저 중국 음식 가운데에는 재료 이름만으로 불리는 것들이 있다. 라조기나 양장피 같은 것이 그것이다. 여기서 '라조'는 고추를 의미하는 '辣椒(랄초)'이고 '기'는 닭을 의미하는 '鷄(계)'이다. 그러니까 닭을 고추에 볶았다는 것인데 이 이름에는 문제가 있다. 우선 발음이 잘못됐다. '랄초'는 '라조'가 아니라 '라지아오'로 발음해야 하고 '계'도 '기'가 아니라 '지'로 발음해야 한다. '계'를 '기'로 발음한 것은 그것이 산동 사투리 때문이라는 설이 지배적이다. 그래서 '기'로 적어도 크게 틀리는 것은 아니지만 랄초는 방금 전에 본 것처럼 '라지아오'로 발음해야 한다. 라지아오가 라조로 된 상황을 추측해보면, 아마도 처음에는 라지아오로 발음하다 번거로우니까 줄여서 라조로 된 것 아닌가 하는 생각을 해본다.

이런 요리의 이름에는 문제가 더 있다. 왜냐하면 재료의 이름만 나열했을 뿐 이것들을 가지고 어떻게 요리하는 지에 대한 설명이 없기 때문이다. '라조기'를 그냥 해석하면 '고추닭'이 된다. 이것을 볶았는지 끓였는지에 대한 정보가 없다. 다시 말해 요리법이 없다. 보통 요리 이름에는 요리 방법이 들어가는데 이 이름에는 이것이 빠져 있는 것이다. 그러나 이렇게 이름을 쓰는 것이 반드시 틀린 것은 아닌 것 같다. 왜냐하면 한식에서도 갈비구이를 그냥 '갈비'라고도 표현하기 때문이다.

이 요리의 이름보다 더 웃기는 요리도 있다. 양장피(兩張皮)라는 이름으로 불리는 음식이 그것이다. 이 이름에 대해서는 나중에 개별 음식을 볼 때에 자세히 보겠지만 이 이름은 단지 2장의 피(껍데기)라는 뜻이다. 음식의 재료에 대한 설명도 없고 요리법에 대한 설명도 없이 달랑 2장의 껍데기라고만 썼으니 얼마나 웃기는 이름인가? 이것을 비유로 말하면 '돼지보쌈' 같은 음식을 '쌈 두 장'이라고 하는 것과 같은데 정말로 누가 이렇게 썼다면 이 얼마나 황당한 경우인가? 만일 우리가 동남아 어떤 나라에 가서 그곳의 한국 식당에서 '쌈 두 장'이라는 이름의 음식을 발견했다면 실소를 금할 수 없을 것이다. 보쌈 음식을 놓고 쌈 두 장이라고만 했으니 얼마나 웃기겠냐는 것이다. 마찬가지로 이 음식 이름을 처음 접한 중국인들도 같은 반응을 보인다. 이 책을 쓰면서 중국인 몇몇에게 이 음식의 이름을 알려주었는데 그때마다 그들은 실소를 금치 못했다.

그 다음은 요리법과 재료 이름이 한 데 있는 경우이다. 이때 중국 요리에서는 요리 법이 앞에 들어가고 뒤에 재료 이름이 들어간다. 한식과는 단어 배합이 다르다. 한식에서는 '갈비찜'이나 '갈비구이'처럼 보통 재료 이름이 먼저 들어가고 요리 방식이 뒤에 들어간다. 이것은 한국어와 중국어가 어순이 다르기 때문에 생긴 현상일 것이다. 이렇게 해서 나온 이름에는 '깐풍 새우'나 '깐풍기', '난자완스', '유린기', '유산슬' 같은 것이 있다. 아마 중국 요리에는 이런 식의 이름이 제일 많을 것이다.

이 음식 가운데 난자완스의 '완스'란 동그랗게 생긴 알을 뜻하는 완자[丸子]를 말하고 유산슬의 '산슬'은 한자로 '삼사(三絲)'라고 적는데 이는 세 가지 재료를 실처럼 가늘게 썰어놓았다는 것을 말한다. 이런 음식들의 요리 법에 대해서는 조금 있다가 보기로 하는데 이 이름 가운데 조합이 조금 다른 게 있다면 깐풍 새우가 그것이다. 왜냐하면 다른 요리들의 이름은 발음이 조금 이상해도 모두 중국 발음으로 적었는데 깐풍 새우는 재료 이름을 새우라는 한글로 적었기 때문이다.

그 다음 이름은 음식을 만든 사람의 이름과 재료를 같이 적는 경우이다. 대표적인 경우가 '마파두부'와 '동파육'이다. 이름에서 곧 알아차릴 수 있는 것과 같이 마파두부는 마파라는 별명으로 불린 어떤 여성이 만든 요리이고 동파육은 잘 알려진 것처럼 소동파가 만들었다고 전해지는 고기 요리를 말한다.

이 다음으로는 이름에서 품위를 느낄 수 있거나 상징성이 엿보이는 이름의 요리를 보자. 이런 요리에는 '일품 냉채'나 '팔보채' 같은 것이 있다. 일품 냉채의 경우 그냥 냉채로도 부를 수 있지만 여기에 일품(一品)이라는 단어를 붙여서 음식의 품위를 격상시킨 것을 알 수 있다. 일품이란 정일품과 같은 예에서 알 수 있듯이 가장 높은 관직을 말하는 것이니 이 음식의 지위가 얼마나 높은 것인지 알 수 있지 않을까? 그런가 하면 팔보채는 해삼이나 죽순, 표고버섯 같은 재료를 사용해 만드는 요리인데 이 재료들을 8가지 보물이라고 했으니 매우 상징적인 표현을 쓴 것임을 알 수 있다. 나중에 자세하게 보겠지만 이 재료들은 정말에 매우 귀하게 여겨지던 식재료라고 한다.

다음은 재료에 한국식 요리 이름을 붙인 요리를 보자. 대표적인 것은 능히 짐작할 수 있는 것처럼 '고추잡채'나 '해물부추잡채'이다. 이 이름에서 알 수 있는 것은 이 음식이 잡채라는 한국 음식의 이름으로 불리지만 기원은 중국이라는 것이다. 고추잡채라는 이름이 생기게 된 배경을 보면, 중국 음식 가운데 청초육사(青椒肉絲)라는 음식이 한국의 잡채와 비슷해 한국식 이름을 붙인 것이다. 마지막으로 볼 것은 재료와 요리 형태가 결합된 이름이다. 대표적인 것은 '해파리냉채'나 '삼선 누룽지탕' 같은 것이다. 이름의 앞부분이 재료를 나타내고 뒷부분은 그 재료들이 어떤 형태로 요리되었는가를 보여준다. 이 방법은 한식에서 도 많이 사용하는 방법이다. 이를 테면 콩나물무침 같은 것이나 갈비 탕 같은 것이 이에 해당한다고 하겠다. 지금까지 말한 것을 도표로 만 들면 다음과 같다.

▶ 한국식 중국 음식의 이름이 구성된 원리 ◀

요리이름	이름의 구성 원리
라조기 양장피	재료이름
깐풍새우 깐풍기 오향장육 난자완스 유린기 유산슬	요리법 + 재료이름
마파두부 동파육	창조인물 + 재료
일품냉채 팔보채	품위 있거나 상징적인 용어
고추잡채 해물부추잡채	재료 + 한국식 요리명칭
해파리 냉채 삼선누룽지탕	재료 + 요리의 형태

'중화요리'의 요리법 파악하기

우리는 그동안 많은 중국 음식을 먹으면서 그 음식이 어떻게 조리되었는지 모르고 먹는 경우가 많았다. 그러나 앞에서 본 것처럼 그 음식의 이름에는 조리법이 들어 있는 경우가 적지 않았다. 따라서 이번에는 요리의 이름을 가지고 이 이름에 들어 있는 조리법에 대해서 보도록 하자.

먼저 볼 것은 이른바 '깐풍'이라는 요리법인데 이것은 한자로 '건팽(乾烹)'이라는 두 글자로 된 것이다. 여기서 '건'은 마르게 '졸여낸다'는 의미이고 '팽'은 튀기거나 부친 후에 액체로 된 소스로 조미하는 요리법을 말한다. 그러니까 '건팽'은 'dry'하게 팽하는 것을 뜻하는 것인데 이 요리법을 알기 위해 우리에게 매우 익숙한 깐풍기를 예로 들어보자.

깐풍기를 요리하기 위해서는 우선 닭에 밀가루 튀김옷을 입혀 기름에 튀긴다. 그 다음에 다른 깨끗한 팬에 약간의 기름과 함께 간장과 설탕, 고추를 넣고 볶으면서 소스를 만든다. 그 다음에 거기에 이 튀긴 닭을 넣어 이 소스가 마를 때까지, 즉 물기가 없어질 때까지 볶으면 요리가 끝난다. 이렇게 하는 이유는 이러한 여러 양념들이 재료에 충분히 스며들어갈 수 있게 하기 위한 것이다. 이런 방식으로 만든 음식은 매콤하면서도 짭짤한 맛을 내는데 그런 맛은 한식에서는 잘 발견되지 않는다.

그 다음에 볼 것은 '오향장'인데 여기서 말하는 오향은 앞에서 본 대로 다섯 가지 향신료를 가리킨다. 이 음식 이름의 맨 마지막에 나오는 '장'이라는 것은 일종의 요리법으로 간장으로 채소나 고기를 조리거나 담그는 방법을 말한다. 이렇게 보면 오향장은 다섯 가지 향신료와 간

중국의 깐풍새우

장을 가지고 재료를 졸여 만드는 요리법이라는 것을 알 수 있다. 이 요리 기법을 사용한 오향장육은 충분히 예상할 수 있는 것처럼 돼지고기를 향신료와 간장에 충분히 재운 다음에 익히는 음식이다. 이렇게 조리는 이유는 앞에서도 본 것처럼 양념이 재료에 충분히 스며들어가게 하기 위한 것이다. 이 요리에 많은 영향을 받아 태어난 한국의 요리가 있다. 바로 족발이 그것인데 이용하는 돼지고기의 부위가 다르고 들어가는 향신료들이 조금 다를 뿐 기본적인 요리법은 오향장육과 다를 바 없다. 그런 면에서 이 두 음식은 같은 것이라고 보아도 크게 틀리지 않을 것이다.

다음 요리법은 '난자완스'에 나오는 '난자' 요리법이다. 그런데 이 난자를 표현하는 방식이 조금 이상하다. 한국에서는 이 요리의 한자 표기를 난데없이 '남전(南煎)'이라고 해서 '남쪽+지지다'라는 뜻으로 쓰

중국의 난자완스

고 있기 때문이다. 이렇게 써 놓고 이 이름에 대해 설명해 놓은 것을 보면 가관이다. 이 음식의 이름에 '남'이 들어가 있는 것은 중국의 남쪽 지방에서 먹는 음식이어서 그렇다는 것이다. 이런 설명은 한 마디로 말이안 되는 것이다. 우선 이 음식은 중국 남부에서 먹는 요리가 아니다. 이음식은 외려 북경이나 하북성과 같은 북쪽 지역에서 먹는 요리이다.

남전완자라는 것은 완자를 먼저 부친 후에 그 완자를 소스와 약간의육수에 넣어 조리다가 전분을 풀어 만드는 요리이다. 이 요리의 이름에 대해서는 전해지는 설이 있다. 청 말의 정치가 였던 원세개가 직예총독(直隸總督)을 맡았을 때 완자요리를 먹은 적이 있었는데 요리사가그의 성[원, 袁]이 둥근 원(圓) 자와 발음이 같은 것을 발견하고 그것을피하기 위해 완자를 납작하게 눌러 만들었다는 것이다. 그런데 그 지역이 하북성 남기촌이라 후에 사람들이 이 요리를 남전완자라고 부른다는 것인데 그 사실여부는 잘 알 수 없다. 현재 남전이란 요리법은 재료를 부친 후에 육수와 액체 소스에 살짝 조리고 전분을 풀어 만드는 법을 의미한다.

다음은 '유린기'의 경우인데 이 이름에 나오는 '유린'은 한자로는 유림(油淋)이라고 쓴다. 이때 림은 '물을 뿌리다'라는 뜻인데 이 요리법이 바로 그렇게 하는 것이다. 이것 역시 튀김의 한 종류인데 뜨거운 기름을 음식 재료에 부어서 튀기는 것이다. 이렇게 하면 기름에 담가서 튀기는 것보다 재료가 더 연하고 부드럽게 튀겨진다. 그런데 한국에서는 이런 방법으로 하지 않고 재료를 끓는 기름에 그냥 튀기기 때문에 '유린'이라는 고유한 요리 방법을 살려내지 못하고 있다. 마지막으로 '유산슬' 할 때의 '유'이다. 이것을 한자로는 유(熘)라고 쓴다. 이것은 볶는 것과 비슷한 요리법인데 재료에 전분 가루를 첨부하는 것이 특징이다.

지금까지 말한 것을 도표로 만들어 보면 다음과 같다.

요리법 명칭	요리법에 대한 설명
깐풍 / 乾烹	– 재료에 밀가루 등 튀김옷을 입혀 튀기거나 부친 후에 소스를 넣어서 양념이 재료에 스며들도록 조리는 요리방법. – 烹 = 튀기다/부치다 + 조리다
오향장 / 五香醬	오향 – 茴香 회향 – 花椒 화초(산초) – 八角 팔각 – 桂皮 계피 – 丁香 정향

	– 장(醬): 간장으로 채소나 고기를 조리거나 담그는 방법. – 오향장: 다섯 가지 향료와 간장으로 고기를 삶아서 조리는 방법.
난자 / 南煎	재료를 먼저 부친 후에 소스와 육수에 조리다가 전분을 풀어 만드는 요리법
유린 / 油淋	뜨거운 기름을 음식재료에 부어 튀기는 방법. 재료가 일반 튀김보다 더 연하고 부드럽게 튀겨짐.
유 / 熘	전분을 첨가하는 요리법으로 볶음과 비슷함

대표적인 '중화요리' 보기

이제 한국인들이 가장 즐겨먹었고 지금도 즐겨먹고 있는 중화요리 가운데 몇몇을 선정해서 보자. 그리고 그 요리가 현재 중국에서는 어떤 상태로 되어 있는지를 밝혀서 양국의 상황을 비교해보자. 성급한 결론일 수 있겠지만 지금 한국인들이 즐겨 먹는 중화요리 가운데 중국에서도 인기 있는 음식을 꼽으라면 탕수육이나 마파두부, 오향장육 정도가 되겠다. 또 유린기나 누룽지탕도 있지만 이런 음식들은 중국에서 그리 인기가 많지 않다. 이 이외의 다른 요리들은 소멸되었거나, 요리 방법이나 재료들이 많이 바뀌어 이전의 모습을 찾을 수 없다. 이렇게 양국의 요리를 비교해보면 현재 한국에 남아 있는 중화요리의 정체가 밝혀지게 될 것이다. 그와 더불어 우리는 한국에서 이 요리들이 왜 이런 형태로 남아 있게 되었을까에 대해서도 알게 될 것이다. 이 지면에서는 이 요리들의 상세한 레시피나 요리 방법을 소개하지는 않는다. 이 책은 중국요리의 요리법에 대해 가르쳐주는 책이 아니기 때문이다. 그런 정보는 인터넷을 뒤지면 다 나온다. 그러니 여기서 부연 설명할 필요가 없다. 그러나 요리들의 정체를 알기 위해 재료나 요리 방법을 알 필요가 있을 때에는 부분적으로 그에 대해서 볼 것이다.

그러면 우리의 이른바 '중화요리' 탐사는 어떤 요리부터 시작해야 할까? 말할 것도 없이 탕수육이다. 중화요리 가운데 한국인에게 탕수육보다 더 인기가 많은 음식은 없기 때문이다.

탕수육　　　　　한국인 치고 이 탕수육과 관련된 추억이 없는 사람이 없을 정도로 이 음식은 한국인에게 특별한 음식이다. 이전에 한국인들이 큰마음 먹고 '청요리'를 시킬 기회가 있으면 그 첫 번째 타자는 무조건 탕수육 아니었던가? 중국집 식탁 가운데에 탕수육이 듬뿍 담긴 접시가 놓이면 더 이상 행복할 수 없었을 정도로 한국인들은 탕수육을 좋아했다. 당시 대부분의 한국인들은 주머니 사정이 그리 좋지 않았기 때문에 요리는 탕수육 이외에 더 이상 시킬 수도 없었다. 사정이 이렇게 되어 탕수육은 중국 음식 가운데 절대 왕자가 되었다. 탕수육이라는 왕을 가운데 모셔놓고 개별적으로 짜장면을 시켜 먹으면 그야말로 성찬이 되는 것이다. 한국인들이 이렇게 탕수육과 짜장면을 같이 먹는 것을 아주 좋아했다는 증거가 될 만한 것이 있다. 짜장면과 탕수육의 세트 메뉴가 바로 그것이다. 한국인이 이 두 음식 먹는 것을 얼마나 좋아했으면 이런 기상천외한 메뉴가 나왔을까? 이 세트 메뉴가 언제 나왔는지 모르지만 여러 가지 세트 메뉴 가운데 이 메뉴가 가장 인기가 있다.

중국 산동의 당초리척(위)과 한국의 탕수육(아래)

한국에만 있는 정통 중화요리에 대한 수사보고서

이래저래 이 탕수육은 한국인들에게는 여전히 최고의 중화요리로 자리매김하고 있는데 그 이유는 이 음식이 갖고 있는 새콤달콤한 맛 때문일 것이다. 이 음식은 그 일품적인 맛 덕택에 중국서도 많은 사랑을 받았다. 이것은 지금 한국인들이 즐겨 먹는 중화요리 가운데 거의 유일하게 중국에서 같은 요리를 발견할 수 있다는 사실에서 그 사정을 알 수 있다. 탕수육은 전통 한족 요리 중의 하나인데 그 분포도가 매우 넓다. 이 요리를 사천이나 절강, 광동, 산동 등지에서 모두 먹고 있기 때문이다. 이 가운데에서도 산동 요리의 탕수육이 가장 유명한데 한국에는 바로 이 산동 탕수육이 들어왔다. 이 전통적인 탕수육은 돼지 안심을 주재료로 사용하는데 여기에 녹말가루를 묻혀 기름에 튀긴다. 그 다음에 식초와 설탕으로 맛을 내고 여러 가지 야채나 과일을 넣은 다음 다시 전분을 넣어 걸쭉하게 만든 소스를 만든다. 그리고 이 소스를 튀긴 돼지고기에 부어 섞어서 먹는 음식이다(이 요리법은 한국식 탕수육의 요리법이지 중국의 그것은 아니다!).

중국에서는 이 음식을 '당초리척(糖醋里脊)'이라 부르고 있는데 이 이름을 보면 탕수육의 재료와 요리법이 다 들어 있는 것을 알 수 있다. '당초'는 설탕과 식초를 나타내고 '리척'은 안심을 뜻하고 있기 때문이다. 여기서 리척은 돼지고기를 뜻하는데 안심은 원래 가장 부드러운 부위이고 그래서 많은 부위 가운데 가장 비싸다. 이 이름을 통해 보면 이 음식은 돼지고기를 설탕과 식초로 조리해 먹는 음식이니 이름만 보아도 새콤하고 달콤할 것이라는 것을 충분히 예상할 수 있다.

그런데 왜 이 음식이 한국에서는 탕수육으로 불리게 되었을까? 이것에 대해서는 현재로서는 추측할 수밖에 없는데 일단 뒤에 나오는 리척은 어려운 한자어라 탈락된 것 같다. 그렇게 되면 이제 남은 것은 앞에 나오는 당초인데 이 단어의 중국어 발음은 '탕추'이다. 그래서 처음에는 이 단어에 고기 육 자를 붙여 '탕추육'이라고 불렀던 모양이다. 그런데 '탕추육'은 빨리 발음하게 되면 '탕수육'이 될 수 있다. 탕추육은 발음하기가 그리 쉬운 단어가 아니라 이 단어가 탕수육으로 바뀌었을 가능성이 있다.

만일 이 추론이 맞는다면 이 이름의 구성은 매우 재미있는 것이 된다. 우선 원래의 긴 이름을 줄인 다음(당초리적 → 탕추), 남은 이름은 쉽게 발음하기 위해 한국식으로 바꾸고(탕추 → 탕수), 그 다음에 여기에 한국어를 붙인 것이 되니 말이다(탕수 → 탕수육). 이름의 현지화가 확실하게 된 것이다. 그러나 한국인들이 한자를 제대로 알았다면 설탕와 식초를 뜻하는 '탕추'를 '탕수'로 발음하지는 않았을 것이다. 발음이 이렇게 변하니 사람에 따라 이 탕수를 가지고 설탕물을 뜻하는 당수(糖水)로 쓰는 이도 있었다. 즉 탕수-육은 단 물을 가지고 만든 고기라는 것이다. 그런가 하면 수육을 붙여 읽는 경우도 있었다. 그렇게 되면 탕-수육은 단 고기(수육)가 되는데 이는 모두 한자를 제대로 이해하지 못한 데서 생긴 오류이다.

어떻든 이렇게 해서 한국인들이 먹게 된 탕수육은 그들에게 가장 중요한 중국 음식이 되었다. 그런데 앞에서 이 음식은 중국에도 있다고 했다. 여기서 궁금해지는 것은 이 음식은 중국에서는 어떻게 바뀌어져 있을까에 대한 것이다. 한국에서는 이 요리가 더 이상 변화 발전하지 못하고 고착된다. 이와 비교해 볼 때 중국에서는 매우 다양한 형태로 변화 발전하는 모습이 보인다. 양국의 탕수육은 어떻게 달라졌을까?

첫 번째 변화는 주재료와 관련된 것이다. 한국인들은 지금까지 100년 이상을 이 음식을 먹어 왔지만 기본 재료로 거의 돼지고기 아니면 소고기만 썼다. 물론 버섯이나 해물을 주재료로 만든 탕수육 같은 것도 있지만 이런 탕수육은 그리 인기가 없다. 그래서 사람들이 거의 먹지 않는다. 고기 씹히는 맛이 아니면 탕수육을 먹지 않았던 것이다. 그리고 고기에 입히는 가루도 약간의 변화가 있었다. 녹말가루 대신에 찹쌀가루를 입히는 것 정도이다.

이에 비해 중국의 탕수육은 그동안 많은 변화가 있었다. 변화라기보다는 응용이라고 하는 게 더 나을지 모르겠지만 중국의 탕수육, 아니 '탕추(糖醋)' 요리에 들어가는 주재료에는 그동안 많은 변화가 있었다. 중국인들은 이 탕추 요리법을 돼지고기 안심 외에 다른 식재료에도 널리 적용한 것이다. 예를 들어 중국의 음식에는 당초(탕수) 잉어, 당초 등갈비, 당초 갈치, 당초 마, 당초 연근, 당초 완자, 당초 가지, 당초 새우 등 대단히 다양한 당초 혹은 탕추 요리가 있다. 중국인들은 이 탕추 요리를 좋아해 그들이 평소에 먹는 많은 재료에 응용해 수많은 종류의 탕추 요리를 만들어낸 것이다. 이 가운데 중국인들이 가장 좋아하는 탕추 요리는 탕추 잉어와 탕추 (돼지) 등갈비이다. 우리가 돼지나 소고기로 만든 탕수육만을 먹는 것과는 다르다.

세계적으로 가장 유명한 탕추 요리는 광동 요리인 '파라고로육(菠蘿咕噜肉)'이다. 이 이름이 매우 특이한데 여기서 '파라'는 파인애플을 말한다. 청 나라 때 서양인들이 광동이나 복건 지역의 항구를 통해 중국으로 들어왔기 때문에 이들은 광동 요리를 가장 처음 접하게 되었다. 소문에 따르면 이때 중국인들이 서양인의 입맛에 맞게 하기 위해 자신들의 탕추 요리에 파인애플을 넣었다는 이야기가 있다. 서양인들은 탕추 요리 자체도 좋아했지만 파인애플이 들어간 탕추 요리를 한층 더 좋아했다고 한다. 그런가 하면 유럽이나 미국으로 가는 화교들 가운데에

다양한 탕추 요리들(탕추잉어, 탕추갈비, 탕추메추리알, 탕추완자, 탕추갈치)

　한국에만 있는 정통 중화요리에 대한 수사보고서

다양한 탕추 요리들(탕추두부, 탕추마)

광동의 파라고로육

는 광동 사람들이 많아 이들이 자연스럽게 파라고로육을 서양에 전했을 것으로 생각된다. 광동 지방에서 서양인의 입맛에 맞춰진 이 요리는 서양에 가서도 큰 인기를 끌어 서양인들이 가장 좋아하는 중국 요리 중의 하나가 된 것이다.

그러면 이 이름에 나오는 '고로'는 무엇일까? 중국어로 '고로(咕嚕)'는 침과 같은 액체를 삼킬 때 나는 소리를 적은 것이다. 한국에서는 이것을 '꿀꺽'이라는 의성어로 쓰고 있다. 이 단어를 중국어 발음으로 읽으면 '꾸루'이니 한국의 '꿀꺽'과 비슷한 소리임을 알 수 있다. 이 음식을 고로육이라고 부르게 된 배경에 대해 확실한 증거가 있는 것은 아니지만 이 요리가 나오면 냄새가 너무 맛있어서 보는 사람이 침을 꿀꺽 삼키게 되어 '꿀꺽육'이라는 이름이 생겼다는 설이 있다. 이 음식이 얼마나 맛있었으면 이런 설이 나왔을까 하는 생각이 드는데 이 고로육을 직접 먹어보지 않은 우리로서는 얼마나 맛있는지 알 수 없는 일이다.

그 다음은 소스의 변화이다. 한국의 경우 한국인들은 자신들이 처음에 받아들였던 대로 지금도 여전히 식초와 설탕, 간장, 그리고 녹말가루를 이용하여 소스를 만들고 있다. 한국에서는 별 변화가 없었던 것이다. 그러나 중국은 달랐다. 중국인들은 이 요리가 자신들의 음식이었기 때문에 능숙하게 변화시킬 수 있었다. 특히 소스에 많은 변화가 있었다. 서양서 전래한 케첩이나 과일 잼 등을 사용하여 이전과 비슷하면서도 또 다른 맛을 창출해낸 것이다. 실제로 마 씨아오루는 내가 이 원고를 쓰던 당시 자신이 만든 '케첩소스로 만든 탕수갈비'를 선보이기도 했는데 그 맛이 상당히 뛰어났던 것으로 기억된다.

그런데 이러한 상황은 짜장면과는 정 반대라 재미있다. 앞에서 본 것처럼 짜장면의 원조인 작장면은 중국 현지에서는 별다른 변화와 부흥이 없었다. 그러나 한국에서는 이 국수가 한국화 되면서 엄청난 인기를 얻었을 뿐만 아니라 그 종류도 아주 다양해졌다. 짜장면과 탕수육은 같은 중국 음식인데 왜 이렇게 다른 모습으로 변천을 겪었을까? 이것은 아마도 한국의 장 문화와 관련되는 것 아닐까 하는 생각이다. 짜장면의 중요한 소스인 춘장은 한국인들이 아주 좋아하는 된장이나 고추장과 같이 발효된 장류에 속한다. 그런데 우리는 한국인들이 예부터 장에 대해 뛰어난 감각과 훌륭한 활용 능력을 갖고 있다는 것을 알고 있다.

한국인들의 뛰어난 장 제조 실력은 고추장을 통해서도 잘 알 수 있다. 하나의 새로운 장을 만들어낸다는 것은 그리 쉬운 일이 아니다. 그런데 한국인들은 그네들만의 독특한 고추장 문화를 만들어냈다. 된장이나 간장은 많은 나라들이 공유하는 장이지만 고추장은 한국인만이

중국의 양장피(위)와 한국의 양장피(아래)

먹는 장이다. 한국인은 이 고추장을 가지고 많은 종류의 양념을 만들었고 이것을 가지고 그네들만의 뛰어난 음식을 많이 만들어냈다. 이 정도면 한국인들의 장 문화 수준을 알 수 있지 않을까? 그런 한국인들이었기에 짜장면을 받아들였을 때 짜장면의 장을 가지고 능숙하게 발전시킬 수 있었던 것이다.

반면 탕수육의 요리법인 튀김법은 한국 요리에는 원래 없던 것이라 한국인들에게는 이 조리법을 응용하고 변화시키는 일이 쉽지 않았을 것이다. 이러한 상황은 소스도 마찬가지였다. 설탕과 식초, 전분 가루를 이용해 만드는 소스 역시 한국인에게는 매우 생소한 음식이었다. 자신들에게 익숙한 것이 아니니 그것을 변화시킬 수 있는 능력이 생기지 않았다. 사정이 그러하니 한국인들은 그들이 탕수육을 받아들였을 때의 그 형태를 그대로 유지할 수밖에 없게 되어 한국인들이 먹는 탕수육은 그 상태로 고착된 것이리라.

양장피(兩張皮)　　　　이 음식에 대해서는 앞에서 잠깐 보았다. 이 음식은 전분으로 만든 두 장의 큰 얇고 둥근 피(껍데기)를 기본 재료로 해 그것을 여러 음식과 섞어 먹는 것이다. 한국서는 여기에 겨자 소스를 넣어서 비벼 먹는다. 지금 한국에서는 이 음식을 한자로 兩張皮로 적는 경우가 있는데 이 단어는 생각해보면 꽤 웃기는 이름이라고 앞에서 말했다. 한자로 이렇게 쓰면 그저 두 장의 껍질이라는 뜻이 되기 때문이다. 아니면 洋張皮라고 하는 경우도 있는데 이 이름도 웃기기는 마찬가지이다. 이것은 말 자체가 성립되지 않기 때문이다. 서양의 '양'과 '장피'가 합쳐진 것인데 이렇게 합해지면 아무 뜻도 없게 된다.

지금 중국에는 이 요리가 한국에서 먹는 형태로 남아 있지 않다. 대신 냉채처럼 만들어서 각 가정에서 흔하게 먹고 있는 것이 있기는 하다. 그러나 굳이 이 양장피와 가장 비슷한 음식을 고르라면 중국의 동북부 지방에 있는 음식을 들 수 있다. 이 지역의 풍토음식으로 유명한 '동북대랍피(東北大拉皮)'가 그것이다. 이것은 19세기 말이나 20세기 초에 산동 사람들이 이 지역으로 이주해오면서 가지고 온 음식이 이어 내려져 온 것이다. 앞에서 본 것처럼 이때에 산동지방에 의화단의 난이 일어나자 이 지역에 살던 사람들이 대거 타 지방으로 이주했는데 어떤 사람들은 한반도로 왔듯이 동북부 지방으로도 간 사람도 꽤 있었다.

이 인구대이동은 중국에서 큰 사건이기 때문에 '틈관동(闖關東)'이라는 고유의 이름으로 불리고 있다.* 틈관동이란 '산해관 동쪽으로 진출하다'는 뜻이 된다(그러나 사실은 불법이민을 뜻한다고 한다). 이렇게 해서 동북부로 옮겨간 그들은 자신들의 고향 음식을 가져가 여러 흔적을 남겼는데 그 중의 하나가 이 음식이다. 한반도로 온 산동 사람들이 한국에 중화요리의 진한 흔적을 남겼듯이 말이다. 그런데 이 이름에 '대랍피'가 나오고 있는데 이것은 큰 껍질을 당긴다는 뜻이니 양장피와 통하는 바가 많을 것 같다. 그런데 왜 랍, 즉 당긴다는 표현을 넣었을까? 이에 대해 확실한 설은 없다. 그래서 추측할 수밖에 없는데 아마도 큰 접시에서 익은 피를 당겨서[拉] 꺼낸 다음 그것을 야채나 해물들과 섞어 먹기 때문에 나온 이름이 아닐까 한다.

그러면 한국에서 이 음식을 종종 洋張皮라고 쓰고 있는 것은 어찌된 것일까? 이것은 명백한 오류이지만 굳이 이렇게 써야 한다면 양분피(洋粉皮)라고 하는 것이 적절하다. 그럼 양분피는 어떻게 해서 나온

---

* 이 때문에 중국에는 같은 이름으로 드라마가 제작되어 큰 인기를 끌었다.

이름일까? 양장피에 쓰이는 주재료는 원래 중국에서는 분피(粉皮) 혹은 량피(凉皮)라고 불리는 전분 가루로 만든 얇고 둥근 '피(껍질)'를 말한다. 그런데 20세기 초에 서양으로부터 고운 전분 가루를 만들 수 있는 기계가 들어오면서 중국인들은 이 기계를 사용해 만든 가루를 가지고 이 피를 만들기도 했다. 그래서 추측해보면, 이를 사용하여 만든 분피를 양분피(洋粉皮)라고 불렀던 것으로 생각되는데 이것을 그대로 이 음식의 이름으로 사용한 것 같다.

그러면 한국의 양장피는 그 기원이 같다고 생각되는 동북대랍피와 어떻게 다를까? 무엇보다도 이 피와 같이 섞는 음식 재료에서 차이가 나타난다. 한국의 양장피에는 채소는 물론이고 새우나 오징어, 해삼 같은 고급 해산물들이 사용되고 있는 반면 중국의 동북대랍피에는 주로 당근이나 오이, 두부피 같은 매우 저렴한 재료를 많이 사용한다. 중국 것에는 물론 한국인들이 극력 피하는 고수도 올려진다. 이 두 음식은 재료에서 왜 이런 차이가 생겼을까? 한국에서 먹던 산동 요리는 오랜 세월 동안 중국의 궁중 음식이었기 때문에 해삼 같은 진귀한 재료를 사용했다. 게다가 산동은 지리적으로 바다에 연해 있기 때문에 새우나 오징어, 소라 같은 해산물을 구하기가 쉬웠다. 이에 비해 현재 중국의 동북대랍피는 동북 지방의 가정식 별미이기 때문에 저렴하고 쉽게 접할 수 있는 채소를 많이 사용하고 있다.

그런가 하면 소스도 다르다. 물론 간장이나 식초, 설탕, 참기름 등은 양국에서 모두 사용되었다. 그러나 한국의 경우에는 겨자를 넣어서 맵게 하는 것이 그 주된 특징이라 할 수 있다(그 외에 마늘을 넣기도 한다). 반면 중국의 경우에는 소스를 땅콩이나 참깨로 만든 고소한 잼으로 조미한다. 그런데 중국에서도 겨자 소스가 없었던 것은 아니다. 20

산동식 라조기(청초초계)(위)와 사천식 라조기(랄자계)(가운데)와 한국의 라조기(아래)

세기 이전에는 겨자 소스가 중국음식에서도 전통조미료로 사용되었는데 20세기 이후 점점 인기가 떨어져 현재는 잘 사용되지 않고 있다. 현재 중국 마트에 가면 일본식 겨자인 와사비가 많이 보이고 전통식의 노란 겨자 소스는 발견하기 힘들다. 이것은 현재 중국 음식에서는 겨자를 식재료로 사용하지 않고 있기 때문일 것이다.

라조기(辣椒鷄, 랄초계)

앞에서 본 바와 같이 이 음식은 요리법이 아닌 재료만으로 이름을 만들었다. 이름이 고추와 닭으로만 되어 있으니 말이다. 현재 중국에는 라조기라는 이름을 가진 요리는 없지만 같은 재료를 쓰는 음식은 있다. 산동요리인 청초초계(靑椒炒鷄)와 사천요리인 랄자계(辣子鷄)가 그것이다(사천에서는 고추를 '랄자'라고 한다). 한국의 라조기는 분명 산동에서 유래했을 터인데 한국에서는 라조기가 된 반면 산동에서는 청초초계로 되어 있다. 19세기 말 산동 지방에서 먹던 라조기가 어떤 식의 요리인지는 확실하게 알 수 없지만 추측컨대 지금 한국에서 먹는 라조기와 산동의 청초초계와 그 사이 어디쯤인가 있을 것 같다. 어떻든 현재의 모습만 보면 이 두 요리는 몇 가지 차이점이 있다.

우선 재료에서 차이를 보인다. 이 두 음식은 고추와 닭을 주재료로 해서 만든다는 점에서는 공통점이 있다. 이 두 재료를 가지고 기름으로 볶아서 만든다는 점에서는 같다는 것이다. 그런데 중국 것은 여기서 끝나는 것에 비해 한국의 라조기는 그 외의 보조 재료가 많이 들어간다. 한국의 라조기에는 표고버섯이나 죽순, 청경채 등과 같은 많은 재료가 들어가지만 중국 것에는 이런 것이 하나도 들어가지 않는다. 대신 중국 것은 사천의 랄자계의 경우, 팔각이나 화초 같은 한국의 중화요리에는 거의 쓰이지 않는 향신료가 들어간다. 물론 중국 것에도 마늘이나 생강 같은 기본적인 재료는 들어간다. 사천 것에는 이 이외에도 땅콩을 넣기도 한다.

다름은 이 같은 재료에서만 발견되는 것이 아니다. 요리법도 다르다. 한국에서는 우선 닭고기에 튀김옷을 입혀 튀긴다. 그 다음 고춧가루나 고추기름, 그리고 마늘이나 파, 생강 등을 팬에서 튀기다가 고추물이 나오면 앞에서 말한 여러 재료들을 넣고 함께 볶는다. 그런 다음 마지막으로 여기에다가 튀긴 닭과 굴 소스를 함께 넣고 또 볶는다. 이에 비해 중국 것은 앞에서 말한 것처럼 주재료만 넣고 볶는 요리이다. 닭에 튀김옷을 입히는 것 같은 일을 하지 않는다. 앞에서 본 기본적인 재료를 빼고는 다른 어떤 것도 들어가지 않는다. 그래서 중국의 청초초계는 아주 건조하다. 국물이 하나도 없기 때문이다.

이것은 세 번째 차이인 소스로 연결된다. 한국 것은 굴 소스를 넣어 감칠맛을 내고 전분을 넣어 걸쭉하게 만든다. 이에 비해 중국 것은 간을 간장으로만 해서 짠 맛을 강조한다. 그런데 이렇게 만든 것 가운데 대표 요리는 산동 것이 아니라 사천의 랄자계이다. 사천요리는 잘 알려진 바와 같이 매운 것으로 유명한데 사천의 매운 요리 가운데에서도 랄자계는 대표적인 것이라 할 수 있다. 그래서 그런지 중국에서는 사천의 랄자계가 산동의 그것보다 인기가 훨씬 많다(산동의 청초초계는 사천과는 달리 닭을 튀기지 않고 볶아서 만드는 요리이다).

한국과 중국의 이 두 요리는 같은 기원을 갖고 있는데 왜 차이가 났을까? 사실 요리의 정석으로 따지면 중국의 요리가 더 낫다고 할 수 있지 않을까 싶다. 산동이나 사천의 고추닭 요리가 한국의 고추닭 요리보다 재료의 식감을 더 살렸기 때문이다. 그에 비해 한국의 라조기는 주재료보다 외려 부재료의 맛을 더 살린 것 같은 느낌을 받는다. 우선 닭에 튀김옷을 입히는 것부터가 그렇다. 이렇게 해서 닭을 익히면 씹을 때 재료의 맛이 잘 느껴지지 않는다. 그리고 한국 것에는 천편일률적으로 굴 소스와 전분을 넣는데 이것도 재료의 맛을 충실하게 느끼는 것을 방해한다. 특히 전분을 넣는 게 그렇다. 국물이 걸쭉하게 되어 탕인지 아닌지 구분하기 어렵고 전분 맛 때문에 닭의 맛이 잘 느껴지지 않는다. 한국의 라조기가 이렇게 변한 것은 아마도 무엇이든 섞어먹기를 좋아하는 한국인들의 식습관 때문이 아닐까 하는 막연한 추측을 해본다.

깐풍기/새우　　　깐풍은 앞에서 본 것처럼 한자로 건팽(乾烹)이라고 쓰니 마르게 볶는다는 의미이다. 그 다음에 '기'가 나오면 닭고기를 볶는 것이고 '새우'가 나오면 새우를 볶는 것이다. 그런데 중요한 것은 이런 요리가 정작 지금 중국에서는 거의 사라졌다는 것이다. 아주 드물게 이런 음식을 취급하는 식당이 있기는 하지만 대중적으로는 인기와 거리가 멀다. 이 요리 역시 19세기 말이나 20세기 초에 산동 지방에 있었던 것인데 중국서는 사라지고 한국에만 남은 것이다.

　그런데 한국의 중화요리 중 닭고기를 쓴 요리로는 방금 전에 본 라조기도 있다. 이 라조기와 깐풍기는 재료만 같은 것이지 요리법이 차이가 나기 때문에 다른 음식이라 할 수 있다. 그런데 한국인들이 먹고 있는 라조기나 깐풍기는 양자의 요리법이 그다지 차이가 나지 않는다. 원래 라조기든 깐풍기든 중국에서는 닭에 밀가루나 전분으로 옷을 입혀 튀기지 않고 그대로 볶는 데에 비해 한국에서는 예외 없이 튀김옷을 입혀 기름에 지진다. 여기까지는 두 요리가 차이가 없다. 그러나 마지

한국의 깐풍기(위)와 한국의 깐쇼새우(아래)

한국에만 있는 정통 중화요리에 대한 수사보고서

막 처리에서 이 두 요리는 조금 다른 점을 보인다. 라조기는 소스에 전분을 넣어 걸쭉하게 만드는 것에 비해 깐풍기는 깐풍기 소스를 요리한 닭 위에 부어서 먹기 때문이다. 깐풍기 소스에는 전분이 들어가지 않아 걸쭉한 느낌은 없지만 소스를 부었기 때문에 물기가 항상 남아 있게 된다. 그런데 이것은 원래의 요리법에 어긋난다. 깐풍은 '마르게 볶는'다는 뜻이니 음식에 물기가 있어서는 안 된다. 이 요리가 왜 이렇게 됐는지는 잘 알 수 없지만 추측컨대 100여 년 전에 깐풍기가 처음 들어왔을 때에는 물기가 없는 음식이었을 것이다. 그 외에 중요한 것은 아니지만 재료에서도 약간의 차이를 보인다. 깐풍기에는 마른 고추나 마늘을 제외하고 채소가 거의 안 들어가지만 라조기에는 죽순이나 버섯 등의 채소가 들어간다. 그러나 이런 것들을 무시하고 자신들이 원하는 대로 재료를 넣고 요리하는 중국집 주방장도 많다고 한다.

이렇게 보면 한국의 중화요리들은 그 이름이 어떻든 조리법이 비슷비슷한 것을 알 수 있다. 대부분의 경우에 재료에 밀가루 같은 것으로 튀김옷을 입혀 기름에 지지는데 아무리 음식 이름에 마르게 만드는 음식이라고 되어 있어도 결국은 전분을 넣어 걸쭉해진 국물을 부어 먹기 때문이다. 그런가 하면 소스는 많은 경우 굴 소스에 지나치게 의존하고 있는 모습도 발견된다. 사정이 이렇게 되니 중국집에 가서 이런 요리들을 시키면 어떤 요리가 나오든 서로 모양도 비슷하고 맛도 비슷한 것을 알 수 있다. 한국서 먹는 중화요리는 다 거기서 거기인 것이다.

이처럼 한국의 중화요리가 중국과 달리 밀가루나 전분 옷을 입혀 기름에 튀기는 요리가 많은 것에 대해 혹자는 6.25 이후에 한국에 밀가루가 풍부해진 데에 기인한다는 주장을 하기도 한다. 밀가루를 기름에 튀기면 밀가루가 바삭바삭해지는데 한국인들이 그 식감을 좋아했다는

중국식 유린기(위)와 한국의 유린기(아래)

것이다. 또 밀가루를 입혀 튀기면 음식의 양이 많아져 요리를 더 풍부하게 먹는 느낌을 받았을 것이라는 주장도 있다. 이런 주장들은 한번쯤 생각해볼 만 하지만 그 진위여부는 확실하게 알 수 없다.

유린기   이 유린기라는 요리도 한국에서 토착화 되면서 위의 요리들과 비슷한 운명을 겪었다. 우선 100여 년 전에 산동에서 한국으로 들어와 유린기의 시원이 되었을 요리는 지금 중국에서는 거의 사라졌다는 점이 그렇다. 그래서 이 유린기와 비슷한 요리를 지금 중국에서 찾는 것은 그리 쉬운 일이 아니다. 그런가 하면 한국에서 행해지고 있는 유린기의 요리법이 원래의 것과 많이 달라졌다는 점도 다른 중화요리와 그 맥을 같이 한다. 이 음식의 요리법이 원래 어떤 것이었는데 어떻게 달라졌다는 것일까? 이 요리는 이름에서 말하는 대로 닭을 '유린(油淋)'이란 방법으로 익힌 것이다. 이 유린이라는 방법은 앞서 요리법을 소개할 때 본 것처럼 닭 같은 재료에 뜨거운 기름을 부어서 익히는 방법을 말한다. 지금까지 본 요리들은 주로 기본 재료를 기름에 넣고 튀겼는데 그것과는 다른 방법으로 재료를 익히는 것이다.

그러면 기름으로 익히는 것은 같은데 왜 이 유린이라는 방법은 기름을 부어서 재료를 익히는 것일까? 이 '유린' 법은 음식을 만들 때 재료를 그냥 기름에 넣거나 기름으로 튀기는 방법보다 더 고급 방법으로 보인다. 유린기의 경우 주로 어린 닭을 재료로 쓰는데 이처럼 기름을 닭에 부으면 닭고기의 겉은 바삭해지는 반면 속은 아주 부드럽게 익혀진다고 한다. 그러니까 재료의 식감을 더 다양하게 하고 부드럽게 만들어 먹기에 편하게 하는 것이다. 또 다른 이점도 있다. 이렇게 하면 육즙이 빠지지 않아 고기 맛이 좋아진다는 것이 그것이다. 이 방법이 꽤 고급 요리법이라는 것은 이 기술을 사용하는 방법이 까다롭고 시간이 많이 걸린다는 점에서 알 수 있다. 기름을 부어서 고기를 익히는 것이니 그냥 기름에 튀기는 것보다 시간이 많이 걸릴 것은 명약관화한 일이다. 몇 분이고 계속해서 기름을 부어야 고기가 익을 테니 말이다. 그리고 재료 전체를 골고루 익히고 고기의 겉과 속을 각각 다르게 익히려면 상당한 기술이 필요할 것이다.

유린 법이 이처럼 구사하기가 어려워서 그런지 지금 한국의 동네 중국집에서는 이 음식을 이 방식으로 요리해서 내놓지 않는다. 이 고도의 기술을 구사할 수 있는 요리사가 없는 것이다. 이 기술의 전승이 끊긴 것이다. 지금 한국의 보통 중국집에서 만들어내는 유린기는 차마 '유린'이라는 말을 붙일 수 없는 정도이다. 왜냐하면 조리법이 다른 닭고기 음식과 다르지 않기 때문이다. 또 예의 튀김옷을 입혀서 기름으로 튀기니 다른 닭고기 음식과 다를 바가 없다. 즉 전분이나 밀가루 혹은 쌀가루를 닭고기 위에 입히고 그냥 기름에 넣어 튀기는 것이다. 그러니까 여기까지는 탕수육 같은 다른 요리와 다를 바가 없다. 굳이 다른 것이 있다면 그 다음에 붓는 소스가 그렇다. 소위 유린기 소스는 간장과 식초, 고추, 대파 등을 주재료로 쓰는데 참기름으로 마무리하는 경우도 있다. 이렇게 보면 이 요리는 그저 튀김 닭을 간장에 찍어먹는 것 이상도 이하도 아닌 것이 된다. 이 요리를 원 방식대로 만든다면 대단히 고품격의 음식이 될 수 있을 터인데 지금 한국에서 먹는 유린기는 외려 일반 치킨 집의 닭보다도 훨씬 못한 수준으로 보인다.

그런데 이 음식이 현재 중국에서 아주 없어진 것은 아니다. 극히 일부의 음식점에서는 이 요리를 파는 경우도 있다. 그런데 재미있는 것은 중국에서도 원래의 유린의 방법은 쓰지 않고 있단다. 아마도 이 유린 기술이 따라하기가 쉽지 않아 재현하고 있지 못하는 듯하다. 그러나 그렇다고 해서 한국처럼 튀김옷을 입혀서 기름에 튀기지는 않는다. 대신 그냥 닭을 튀겨서 재빨리 소스를 부어 먹을 뿐이다. 소스는 지역이나 가게마다 차이가 있을 수 있지만 대개 다진 마늘, 다진 생강, 다진 파, 간장, 설탕, 참기름 등을 넣어서 만든다. 이 점에서는 한국의 유린기 소스와 그리 다르지 않다고 하겠다(한국의 소스에는 예의 고추가 또 들어간다). 중국인들은 이렇게 요리해서 먹어야 원 재료의 맛을 잘 느낄 수 있다고 생각하고 있는 것이다.

유산슬, 팔보채, 삼선누룽지탕　　　　　　이 세 요리는 따로 다루기에는 양이 많지 않고 요리법도 그다지 다르지 않아 같이 볼까 한다. 게다가 이 요리들 역시 이미 중국에서는 사라졌거나 없어질 위기에 있는 상태라 같이 다루어도 무리가 없겠다. 이 가운데 유산슬과 팔보채는 중국에서는 찾을 길이 없고 삼선누룽지탕은 아주 없어진 것은 아니지만 인기가 없어져 거의 멸종의 단계에 있다. 그에 비해 한국에서는 한국인들이 이 세 요리를 아직도 많이 먹고 있어 인기가 다 하지 않은 것을 알 수 있다.

먼저 유산슬을 보면, '유(熘)'는 '전분 가루를 첨가하여 볶는' 방법을 뜻하고 '산(三)'은 세 가지 재료를, '슬(絲)'은 '(실처럼) 가늘게 썰다'라는 뜻을 갖고 있다. 그러니까 이름만 보면 이 요리는 세 가지 주요 재료를 가늘게 썰어서 기름에 볶은 다음 녹말가루를 풀어 국물을 걸쭉하게 만들어 먹는 음식임을 알 수 있다.

그러면 이 세 가지 주요 재료가 무엇일까? 해삼과 죽순, 햄이 그것인데 이것들은 청나라 때 사람들이 진귀하고 맛있다고 여기던 음식 재료

한국의 유산슬

였다. 그래서 그런지 이런 재료들은 청나라 요리를 설명하는 책에 빈번
히 등장한다. 그런데 여기에 햄이라는 단어가 등장하는데 이 햄은 지금
우리가 먹는 서양식 햄이 아니라 당시의 중국인들이 만든 것으로 고급
식자재에 속했다. 여기에서 우리는 이 재료들이 유산슬에만 들어가는
것이 아니라 팔보채나 삼선누룽지탕에도 빠짐없이 들어가고 있다는 사
실에 주목해야 한다. 당시의 고급 요리에는 이 재료들이 모두 들어갔던
것이다. 이런 상황을 통해 우리는 이 요리들이 청나라 말기에 유행했다
는 것을 알 수 있다. 그러나 지금은 이런 재료들이 고급이라 생각되지
않아 중국에서 이 재료들이 잘 이용되지 않는 것일 것이다.

　우리는 이 유산슬이 처음 한국에 소개되었을 때 어떤 모습이었는지
잘 알지 못한다. 그러나 현재 한국의 중국집에서 만들어지고 있는 유
산슬보다는 단순했을 것으로 추측된다. 지금 한국인들이 먹고 있는 유

산슬에는 앞에서 본 세 가지 재료 말고도 수많은 재료들이 들어간다. 파나 마늘 같은 보조 재료는 빼고 주재료를 보면 새우, 돼지고기, 표고 버섯, 팽이버섯 등 이 요리의 이름에 있는 것처럼 세 가지 재료 외에도 많은 재료가 들어가 있는 것을 알 수 있다. 이 정도 되면 '산슬'이라는 이름을 붙이기가 무색할 지경이다. 그래서 산슬이 아니라 '다슬(多絲)' 이라고 해야 될 형편이다. 이 음식을 보면 다시금 비빔밥처럼 여러 재 료를 섞어 음식 만들기를 좋아하는 한국인들이 성향이 보이는 듯하다. 그리고 또 빠트릴 수 없는 것은 이 요리는 간장으로도 간을 하지만 마 지막에 또 굴 소스를 넣는다는 것이다.

한국인들이 지금 먹고 있는 중화요리에 이처럼 굴 소스가 거의 빠짐 없이 들어가고 있는 것을 보면 조금 너무하는 것 아닌가 하는 느낌을 받는다. 물론 한국인들이 이 굴 소스를 좋아해서 그런 것도 있겠지만 굴 소스를 써도 너무 많이 쓰기 때문이다. 그래서 매번 하는 이야기이 지만 한국의 중화요리는 그 음식이 그 음식이다. 모양도 구분이 잘 안 되고 맛도 구분이 잘 안 된다. 물론 이 상황을 이해할 수는 있다. 중국 요리는 다른 민족의 음식이니 이에 익숙하지 못한 한국인들이 자기들 의 취향에 맞게 변형시키지 못하고 옛 모습을 고집한 결과가 이것이라 는 것이다. 그런 상황을 감안하고 보면 한국의 중화요리가 이렇게 천편 일률적으로 된 것은 어쩔 수 없는 일이라는 생각도 든다.

팔보채도 그렇다. 유산슬과 비교해보면 들어가는 재료만 조금 다를 뿐이지 요리하는 방식은 다를게 없다. 팔보채의 사전적인 정의는 해삼 이나 새우 같은 해물을 죽순이나 청경재 같은 야채와 함께 기름에 볶 아 요리한 음식이라는 것이다. 그런데 8가지 보물로 여겨지는 귀한 재 료로 이 음식을 만들었다고 하는데 지금 보면 이 재료들은 하나도 귀해

한국의 팔보채

보이지 않는다. 이 8가지 재료의 면면을 보면, 해삼이나 죽순은 당연히 들어가고 그 외에 오징어나 새우, 버섯, 전복, 고기(닭이나 돼지 등)와 같은 평범한 재료들만 있기 때문이다. 그래서 추정해보면, 한국에 이 요리가 들어왔을 당시에는 앞에서 말한 것처럼 분명 해삼이나 죽순 같은 재료들은 귀한 재료이었을 것이다.

이처럼 귀한 재료라고 하는 8가지 재료를 사용한 팔보채가 당시에는 매우 고급 음식이었겠지만 지금 한국에서 통용되는 팔보채는 전혀 고급 음식처럼 보이지 않는다. 이렇게 된 것은 이 재료들이 지금은 그다지 고급의 재료가 아니기 때문에 그런 면도 있겠지만 그보다는 이 음식을 요리하는 방법이 그다지 고급처럼 보이지 않는 것도 한 요인으로 작용했을 것이다. 지금 한국인들이 먹는 팔보채에는 8가지 재료만 들어가는 것이 아니라 다른 재료들도 들어간다. 그 재료가 요리사 마다 조금씩 다르다. 그러나 어떤 재료를 쓰건 간에 요리법은 다른 음식처럼 천편일률적이다. 지금까지 한국의 중화요리의 조리법에 대해 많이 보았으니 이 팔보채의 요리법에 대해 설명하지 않아도 독자들은 이미 눈치 챌 수 있을 것이다. 그 요리법을 보면 이런 재료들을 (고추) 기름에 볶고 여기에 전분을 풀어 걸쭉하게 만든 다음 간장이나 굴 소스를 넣어 양념하는 것이 그것이다. 이렇게 만드니 이 팔보채 역시 다른 음식들과 구별이 잘 되지 않는다. 다른 요리에도 팔보채에 들어가는 재료와 비슷한 것이 들어가고 요리법 또한 같으니 이렇게 만들어진 요리들을 구별하는 일이 어려워지게 된 것이다. 사정이 그러하니 이 요리에 대해서는 더 말할 필요도 없을 것이다.

마지막으로 볼 요리는 삼선누룽지탕인데 여기에서도 사정은 크게 달라지지 않는다. 그저 누룽지가 들어가는 것이 다를 뿐 재료나 요리법은 다를 것이 별로 없기 때문이다. 이 음식은 튀긴 누룽지에 갖은 해물과 채소를 볶아 전분을 넣어 걸쭉하게 만든 다음 간장이나 굴 소스로 간을 한 국물을 부어 먹는 음식이다. 한국의 중국집에서 만들고 있는 누룽지탕에는 세 가지 진귀한 재료만 들어가는 것이 아니라 방금 전에 본 음식에서처럼 온갖 재료들이 들어간다. 그러니 이 경우에도 삼선이 아니라 '다선'이라고 해야 할지 모른다. 이 재료들은 다 비슷비슷해서 더 이야기할 거리도 없다. 그리고 굴 소스로 양념한 걸쭉한 소스에 말아먹는 식습관은 여기서도 여전히 반복되고 있다.

중국의 누룽지탕(위)과 한국의 누룽지탕(아래)

한국의 고추잡채

고추 잡채　　　　　고추 잡채나 해물부추잡채[韭菜炒海鮮, 구채초
해선] 등과 같은 잡채 류의 음식은 한국 이름을 가진 중화요리라 여기
에 포함시켜보았다. 고추 잡채라는 이름만 보면 이 이름에서는 중국적
인 색채가 전혀 나지 않는다. 이 음식은 원래 중국에서 유래한 것으로
중국에서는 청초육사(靑椒肉絲)라 불리는 음식이다. 이 이름을 번역하
면 '고추돼지고기볶음' 요리라 할 수 있다. 이 요리는 고추든 돼지고기
든 재료들을 가는 채 형태로 만들어 음식을 만드는데 이것이 한국의 잡
채 요리와 비슷해 고추 잡채라는 한국 이름으로 불리게 된 것으로 추측
된다.

그런데 한국의 고추잡채와 중국의 청초육사는 같은 계통의 음식임에
도 불구하고 또 요리법에서 차이를 보인다. 충분히 예상할 수 있는 것
과 같이 중국의 청초육사에는 고추와 돼지고기만 들어가는 것에 비해

한국의 고추 잡채에는 온갖 재료들이 들어간다. 사실 한국의 고추잡채에는 고추가 아니라 피망이 그 자리를 차지하고 있다. 피망을 가는 채로 썰어 집어넣고 있는데 이런 현실이라면 이 음식은 고추잡채가 아니라 피망잡채라고 해야 하는 것 아닌지 모르겠다.

고추잡채의 일탈은 여기서 그치지 않는다. 버섯이나 죽순 같은 다른 재료들도 흠뻑 들어가기 때문이다. 여기에 또 굴소스가 빠질 수 없다. 그래서 이 음식은 물기가 아주 흥건한데 국물 정도는 아니더라도 사진에서 보는 바와 같이 물기가 상당히 축축한 상태가 된다. 그리고 한국에서는 이 요리에 항상 화권(花卷)이라 불리는 밀가루 빵을 놓는데 중국에서는 이런 요리를 먹을 때 화권 같은 빵을 같이 먹지 않는다. 한국에서 이 요리에 화권을 같이 놓는 이유는 잘 알 수 없다. 한 가지 가능성으로 생각해볼 수 있는 것은 이 요리가 다른 요리들과 변별성이 없어 구별을 두기 위해 색다른 음식인 화권, 즉 '밀빵'을 놓은 것 아닌지 모르겠다.

사실 이 두 음식이 보이는 더 큰 차이는 불의 사용에서 찾아야 한다. 중국의 청초육사를 요리할 때 가장 중요한 것은 재료를 웍(wok)에 넣고 볶을 때 센 불을 써야 하는 데에 있다. 센 불을 쓰는 이유는 재료를 짧은 시간에 익히려는 것인데 이렇게 짧은 시간에 식재료를 익혀야 재료의 원 맛도 나고 사람이 먹기에도 편한 요리가 된다. 그리고 불맛도 있어 맛을 한층 더해준다. 특히 고추는 이렇게 볶아야 색이나 아삭한 식감이 모두 살아난다. 그에 비해 한국의 고추 잡채는 한국의 고유 요리인 잡채처럼 재료들을 푹 익히는 경향이 있다. 한국인들은 여러 재료를 넣어 푹 끓여서 적당히 간을 해 먹는 것을 좋아하는 것 같다. 그러나 그렇게 이 음식을 만들어 먹으면 중국 음식의 맛보다는 한국 요리의 맛이 더 나서 중국 음식을 먹는 기분이 나지 않을 것이다.

　마지막으로 오향장육을 들 수 있는데 이 요리는 앞에서 설명한 것으로 충분하다고 생각된다. 다만 명기하고 싶은 것은 한국의 오향장육에는 중국 음식의 대표 향이라 할 수 있는 오향 중 회향이나 산초, 팔각처럼 향이 강한 향신료가 들어있지 않다는 사실이다. 이 가운데 팔각은 더러 넣는 경우가 있지만 그럴지라도 많이 넣지는 않는다. 그러나 이것마저 넣지 않는 경우가 훨씬 더 많다. 그런가 하면 중국에서는 지역에 따라 그 지역의 술(황주의 대표 선수인 소홍주 같은 술)을 넣는 경우도 있는데 한국의 중국집에서는 그렇게 하지 않는 경우가 많다.

　이 요리 말고 한국인들이 좋아하면서 현재 중국에서도 많이 먹고 있는 요리로는 마파두부(麻婆豆腐)가 있다. 마파두부는 한국인들도 좋아해 한국의 동네 중국집에서 많이 팔리고 있는데 충분히 예상할 수 있는 바와 같이 그 재료나 요리 방법을 보면 중국 것과 차이가 많이 난다. 따라서 중국인들이 한국에 와서 이 마파두부를 먹으면 아마 마파두부가 아니라고 할 것이다. 마파두부를 마파두부답게 만드는 재료가 빠졌기 때문이다.

　마파두부가 생겨난 곳은 잘 알려진 것처럼 사천의 성도(成都)이다. 이 음식의 유래에 대해서는 이미 잘 알려져 있어 생략하는데 청 말의 부숭거(傅崇矩)라는 사람이 쓴 『성도통람(成都通覽)』이라는 책에 그 전모가 잘 소개되어 있다. 이 책에 따르면, 이 음식은 청대 동치(同治) 초년(1894년 이후) 성도 시 만복교(萬福橋)에 있는 '진흥성반포(陣興盛飯鋪)'라는 음식점을 운영하던 여주인 유 씨가 만들어낸 것으로 알려져 있다. 이 주인은 얼굴이 얽은 사람(곰보)이어서 그가 창조한 음

중국식 오향장육(위)과 한국의 오향장육(아래)

중국식 마파두부(위)와 한국의 마파두부(아래)

식을 마파두부라고 불렀다는 것이다.[*]

　이 음식의 특징은 매운 고추가 들어가고 입 안을 얼얼하게 만드는 화초를 많이 사용한다는 것이다. 물론 매운 맛이 나는 중국식 고추장인 두반장을 사용한다는 것도 잊어서는 안 된다. 그래서 주재료인 돼지고기와 두부가, 매우면서도 입안의 미각을 마비시키는 듯한 얼얼함과 조화되어 한 맛을 이루는 것이다. 그런데 한국의 마파두부를 먹어 보면 먹은 뒤 이 두 맛이 모두 남는 것은 아니다. 매운 맛은 남지만 얼얼함은 사라지기 때문이다. 매운 것도 그 정도가 중국 것보다 떨어지고 화초를 아예 넣지 않기 때문에 얼얼한 감각도 많이 떨어진다. 그래서 중국인들이 한국의 마파두부를 먹으면 중국 음식이 아니라고 할 것이라고 한 것이다. 또 한국에서는 이 마파두부를 만들 때에 또 예의 굴 소스와 전분이 들어간다. 이렇게 되면 이 음식은 두부를 많이 쓰는 것 빼고는 다른 중화요리와 구별이 힘들어진다. 다른 요리처럼 굴 소스 맛이 날 것이고 국물이 걸쭉할 것이기 때문이다. 모든 중화요리의 맛을 이처럼 천편일률적으로 만드는 것은 한국인들의 재주인 모양이다.

　그런데 한국의 마파두부에서 화초 같은 향신료가 사라진 것을 반드시 잘못된 것이라고 볼 필요는 없다. 왜냐하면 한국에서는 이 향신료를 섭취할 필요가 없기 때문이다. 사천 지방에서 이 향신료나 두반장 같은 자극적인 향신료를 써서 맵게 간을 맞추는 것은 그 지방의 기후와 관계될 것이다. 사천을 여행해본 사람이면 충분히 느낄 수 있을 터인데 그곳은 기온은 그리 낮지 않지만 습도가 높아 매우 추운 것처럼 느껴진다. 게다가 이곳에서는 실내에 난방을 잘 하지 않아 더 추운 것처럼 느껴진다. 이럴 때 매운 음식은 추위를 한 방에 날려준다. 화초와

---

[*] 중국어로 마자(麻子)는 곰보를 뜻하니 마파는 곰보할멈을 뜻한다.

매운 소스가 잔뜩 들어간 음식을 먹으면 추위를 한동안 물리칠 수 있기 때문이다.

이것은 여름에도 통용된다. 사천은 여름에도 아주 덥고 습한 지역이다. 그래서 매운 음식을 먹어야 병에 안 걸릴 수 있다. 사천으로 파견 근무를 나간 한국 사람에 따르면 사천 음식을 먹지 않으면 습도 때문에 습진이나 관절염 같은 질병을 앓게 된다고 한다. 따라서 사천에서 생활하는 한 사천식 음식을 먹지 않을 수 없다고 한다.

나도 개인적으로 비슷한 경험을 했는데, 사천 성도에 답사갔다가 추운 오후에 길에서 이렇게 조리된 국수를 사서 먹어본 적이 있다. 이 국수는 사천의 대표 음식인 탄탄면이었다. 먹을 때는 입안이 얼얼해 힘든 면도 있었지만 이상하게도 몸은 이 국수의 국물을 원하고 있었다. 나는 끼니 사이에 군것질을 잘 안 하는데 그때에는 그런 것에 관계없이 이 음식이 몸으로 잘 들어갔다. 몸은 이런 매운 음식을 바라고 있었던 것이다. 국물에는 고수도 떠 있었지만 그런 것은 문제가 되지 않았다. 그렇게 해서 재빨리 한 그릇을 다 먹고 나니 정말 거짓말처럼 추위가 싹 가시고 없어졌다. 그리고 몸이 든든해짐을 느껴 그 힘으로 남은 답사를 성공적으로 마칠 수 있었다.

이때 먹은 탄탄면을 잊을 수 없었는데 얼마 지난 다음에 보니 한국에서도 탄탄면을 팔고 있었다. 기존의 식품회사에서 인스탄트로 만들어 팔고 있었던 것이다. 반가운 마음에 얼른 사서 끓여보니 역시 화초 같은 독한 향신료는 전혀 들어가 있지 않았다. 대신 탄탄면의 대표적 소스인 땅콩 소스가 있어 그 덕분에 간신히 사천에서 먹었던 탄탄면의 추억을 되살릴 수 있었다. 이 한국식으로 변형된 탄탄면을 먹으면서 만일 여기에 화초나 고수 같은 중국인들이 좋아하는 강한 향신료가 들어가면 한국인들은 곧 외면할 것이라는 생각이 들었다. 그리고 한국은 그리 추운 나라가 아니기 때문에 굳이 이런 자극적인 향신료가 필요하지 않을 것이라는 생각도 들었다.

그렇다면 한국 중화요리의 특징은?

지금까지 우리는 한국인들이 주위에서 손쉽게 접할 수 있는 중화요리에 대해 보았는데 이제 이런 음식들에 나타난 특징들을 총정리 해보자. 여기서 우리가 주목할 음식은 탕수육이나 유린기 같은 요리들이지 짜장면 같은 끼니 용 음식이 아니다. 이 요리에 나타나는 특징들은 이미 개개 요리들을 보면서 다 드러났다. 따라서 여기서는 그것들을 다시 정리 요약하는 수준에서 보게 될 것이다. 이 작업이 성공적으로 된다면 한국의 중화요리들이 갖고 있는 특징이 일목요연하게 드러날 것이다.

a. 한국의 중화요리는 중국 산동 요리의 20세기 초의 상태에 머물러 있다

첫 번째 특징은 이 요리들의 품종이나 모습이 중국 산동 요리의 20세기 초의 상태에 머물러 있다는 것이다. 이것은 앞서 화교의 역사를 보면서 살핀 것처럼 중국인들이 20세기 초에 대거 한국으로 와 1920년대에 전성기를 이루었기 때문이다. 19세기 말을 거쳐 20세기로 들어오면서 산동에서 수많은 중국인들이 한국으로 왔고 그 결과 자연스럽게 그들의 음식 문화가 한국에 소개되었을 것이다. 따라서 지역적으로 보면 산동 지방의 음식이 대거 온 것이 된다.

이것은 이번 책을 쓰면서 중국 본토의 주방장에게 확인해본 결과 사실로 드러났다. 요녕성에 있는 큰 음식점에서 일하는 주방장에게 한국에 흔한 중국집의 메뉴판을 보여주니 '이것은 아주 오래된 산동 요리이다'라는 고백을 들을 수 있었다. 앞에서 본 것처럼 유산슬이나 팔보채, 일품 냉채 같은 요리들은 중국 본토의 음식점에서는 더 이상 그 모습을 찾을 수 없다. 이 음식의 고향인 산동성에서도 이 음식들을 발견할 수 없는 것은 마찬가지이다. 반면 유린기나 누룽지탕, 라조기 같은 음식들은 중국에 남아 있기는 하지만 이런 음식들 역시 대중성을 잃어 현재는 발견하기 힘든 음식이 되었다. 중국에서는 이런 많은 요리들이 엄청난 변화를 겪었고 그 결과 새로운 모습으로 바뀌게 된다. 뿐만 아니라 본토에서는 다양하고 새로운 음식이 끊임없이 창조되어 지금 중국 본토의 음식과 한국의 중화요리는 거의 다른 음식처럼 보이게 되었다.

b. 한국의 중화요리는 해삼, 죽순 등 청나라 말기의 식재료 사용을 고집한다

첫 번째 특징은 두 번째 특징으로 자연스럽게 연결된다. 현재 한국인들이 먹고 있는 중화요리에는 해삼이나 죽순, 표고버섯 같은 각종 해산물이나 농산물이 많이 들어가는데 이것은 20세기 초의 청나라(특히 산동 지방)에서 유행하던 식재료이다. 앞에서 각종 요리를 보면서 알 수 있었던 일이지만 한국의 중화요리에는 죽순이나 해삼 같은 각종 해산물이나 버섯 등이 들어가는 경우가 많은데 이 요리들은 청나라 사람들이 진귀하고 맛있다고 여겼던 재료이다. 이는 청나라 때 간행된 원매(袁枚)의 『수원식단(随园食单)』이나 이어(李渔)의 『한정우기(闲情偶寄)』*, 동악천(董岳荐)의 『조정집(调鼎集)』과 같은 책에서 쉽게 확인될 수 있는 사항이다. 이 책을 보면 당시에는 겨자 소스도 흔하게 사용되고 있었던 것을 알 수 있다(한국의 양장피에 겨자 소스가 들어가는 것은 이 때문일 것이다!).

한국의 중화요리에 이 재료들이 워낙 많이 들어가니까 한국인들 사이에는 해삼이나 죽순, 그리고 청경채 같은 재료가 들어가야 중화요리라고 생각하는 인식이 자리 잡은 것도 이 현상을 설명해 줄 수 있을 것이다. 그런 인식이 한 번 생기자 중국집의 주방장들도 그 생각을 따르지 않을 수 없었을 것이다. 이 재료들을 넣지 않으면 한국인들이 중국 음식이 아니라고 생각해 먹지 않으니 어쩔 수 없었을 것이라는 것이다. 그런 인식은 여전히 남아 있어 지금도 한국인들은 그런 재료가 있어야 중국 음식처럼 생각하는 것 같다. 그러나 중국 현지의 모습은 다르다. 물론 중국 음식에서도 이런 식 재료들을 사용하기는 한다. 그러나 중국에서는 한국의 중화요리처럼 이것들을 모두 한 요리에 넣지는 않는다. 그러면 20세기 초의 산동 요리는 이런 식재료를 왜 한 요리에 다 넣었을까? 그것은 아마도 이 요리가 궁중 요리로 인식되었기 때문일 것이다. 궁중 요리이었기 때문에 그 귀한 재료들을 아낌없이 한 요리에 넣었을 것으로 추정된다.

---

* 이 책은 원래 희곡이론집인데 여기에 음식이나 조림(造林), 원예에 관한 내용이 포함되어 있다.

c. 한국의 중화요리에는 중국식 향신료가 들어가지 않는다

한국의 중화요리는 위에서 본 바와 같이 청 말의 요리를 보존했지만 그처럼 옛 모습을 고집하는 것과는 정반대의 모습도 보였다. 당시 청 요리에 있던 것 중 중요한 것을 버렸기 때문이다. 버린 것이 무엇일까? 충분히 예상할 수 있는 것처럼 중국의 향신료가 그것이다. 중국인이 보기에 중국 음식을 중국 음식답게 만드는 것은 들어가는 재료보다 음식의 향을 좌지우지하는 향신료에 달려 있을 것이다. 같은 음식도 어떤 향신료를 쓰느냐에 따라 완전히 달라지기 때문이다.

앞에서 본 것처럼 중국 음식에는 팔각이나 화초, 회향, 정향처럼 향이 강하거나 자극적인 향신료가 많이 들어간다. 그런데 이러한 향신료는 한국의 중화요리에는 전혀 쓰이지 않고 있고 설혹 넣더라도 아주 제한적으로만 넣고 있다. 한국인들이 이런 향신료를 참아내지 못한다는 것을 알아차린 중국 요리사들은 자신들이 만드는 음식에서 차차 이런 향신료를 뺐을 것이다. 그 결과 지금의 한국 중화요리에는 이런 향신료를 발견할 수 없게 된 것이다(이 향신료 외에도 고수라고 불리는 향채나 어성초 같은 풀이 제외되는 것은 말할 것도 없고).

중국인들에게 이런 것들이 다 빠진 중국 음식은 중국 음식으로 보이지 않을 것이다. 따라서 서울에 처음 온 중국인이 '정통중화요리' 집에서 이 음식들을 먹으면 그것을 중국 음식이라고 하지 않을 것이다. 이런 상황이 이해가 되지 않는다면 한국 음식을 예로 들어 설명해보자.

아프리카 어떤 나라에 한국의 음식 문화가 100년 전쯤에 전해진 적이 있었다고 하자. 그 음식을 편의상 닭매운탕이라고 하자. 이 음식은 지금 시중에서는 닭도리탕으로 불린다. 100년이 지난 지금 한국인이 그곳에 가서 그 음식을 마주칠 기회가 있었는데 이 음식에서 중요한 조미료나 향신료가 빠진 것을 발견했다. 즉 고춧가루나 깻잎, 마늘 등 이 음식의 맛과 향을 내는 것들이 모두 빠진 것을 발견한 것이다. 이런 식재료들은 현지인들이 싫어하는 것이라 없어진 것이다. 그래서 국물이 빨갛지 않은 평범한 닭고기 탕이 되었는데 이걸 한국인들이 먹고 나면 과연 이 음식을 한식이라고 할지 어떨지 모를 일이다. 비슷하게 닮은 것 같은데 맛과 향이 나지 않으니 이 음식을 한국음식이라고 하기 어려울 것이다.

d. 잦은 전분가루의 사용

앞에서 많은 중화요리를 검토하면서 이상스럽게 생각되었던 것은 한국에서는 거의 모든 요리에 전분가루를 풀어 그 음식을 걸쭉하게 만든다는 것이었다. 유린기나 오향장육처럼 간장으로 소스를 만드는 음식 같은 것을 제외하고 대부분의 음식에는 요리의 마지막 단계에 반드시 녹말가루를 풀어 물기가 많이 남게 조리한다. 재료들은 대부분 기름으로 튀기고 나중에는 걸쭉한 전분가루 수프를 뿌려서 요리가 나오니 외형으로 보아도 그렇고 맛을 보아도 이 음식들의 정체를 알기가 쉽지 않다. 이 음식들이 거의 같은 조리법으로 만들어졌기 때문에 맛이 다 그게 그거다. 바로 뒤에서 볼 테지만 여기에 굴소스가 들어가면 한국식 중국 음식이 완성되는 것이다.

물론 중국에도 전분가루를 사용하는 '류(溜 혹은 熘)'라는 요리 방식이 있다.[*] 그러나 이것은 일부의 중국음식에만 사용되는 방식이지 한

---

[*] 산동성의 '류생선'(요리의 이름은 , 熘魚片) 요리가 대표적인 것이라 할 수 있다. 이 요리는 생선에 녹말가루를 입혀 튀긴다거나 마지막에 녹말가루를 푼 걸쭉한 국물을 넣어 요리를 완성시킨다

국처럼 전반적으로 사용되고 있지는 않다. 따라서 '류' 방식은 중국 음식의 특징이라 말할 수 없다. 그러면 왜 한국인들은 이렇게 걸쭉한 국물이 있는 음식을 좋아하는 것일까? 그 정확한 이유는 알 수 없지만 굳이 추측을 해본다면, 본론에서 말한 것처럼 한국인들이 워낙 국물이 있는 음식을 좋아하기 때문이 아닐까 하는 생각이 든다. 한국 음식에 국물이 있는 음식이 많은 것은 잘 알려진 사실이라 더 이상의 언급이 필요 없을 것이다. 한식에서 국은 밥 다음으로 중요한 음식이 되어 있으니 말이다.

한국인들은 이러한 식습관 때문에 어떤 음식이든 국에 가깝게 만드는 것 같은 현상을 주위에서 많이 목격한다. 그 비근한 예가 짜장면이다. 앞에서 본 것처럼 중국의 작장면은 물기가 전혀 없는 음식이다. 한국인들은 그런 건조한 음식을 좋아하지 않는다. 그런 한국인의 입맛에 맞추느라 짜장면 소스가 물기가 많고 걸쭉하게 된 것 아닌가 하는 생각이 든다. 짬뽕도 한국인들이 그 국물 때문에 좋아하는 것이지 국수를 좋아하는 것은 아니다.

e. 굴 소스의 많은 사용

한국의 중화요리에는 굴 소스가 정말로 많이 들어간다. 특히 볶음 요리에 많이 들어가는데 한자로는 굴 소스를 호유(蠔油)라고 한다. 우리가 한국에서 먹는 음식 가운데 중화요리라고 느끼는 음식에는 많은 경우 이 굴 소스가 사용되고 있는 것을 알 수 있다. 한국에서는 이 굴 소스가 중화요리의 대표 소스처럼 되었다. 한국인들은 이 소스가 들어가

는 점에서 한국의 중화요리와 그 조리법이 매우 비슷하다.

야 중화요리라고 생각하니까 요리사들이 계속해서 이 소스를 사용한 것이리라.

굴 소스는 굴을 오랫동안 고와서 만든 아주 감칠맛 나는 조미료이다. 이 소스에 대해서는 많이 알려져 있으니 그다지 설명을 추가할 필요가 없겠다. 19세기 말에 중국 광동에서 굴을 삶아서 파는 이금상(李錦裳)이라는 사람이 우연한 기회에 이 굴소스 만드는 법을 착안하게 된다. 이 굴 소스를 팔아보니 사람들의 반응이 뜨거웠다. 그때까지 없었던 진한 감칠맛이 나 그것으로 사람들의 입맛을 사로잡은 것이다. 이금상은 1888년에 이 소스를 전문적으로 만드는 회사를 세우는데 회사 이름을 이금기사(李錦記社)라 했다. 이 굴 소스의 정식 이름은 이 회사의 이름을 따서 이금기 굴소스라 불린다.

한국에 중국 음식이 처음 들어올 때가 19세기 말이니 이 굴 소스가 유행했을 때와 비슷한 시기인 것을 알 수 있다. 이때 수입된 굴 소스는 한국식 중국 요리의 트레이드마크가 된 것이다. 처음에 굴 소스가 쓰였던 것이 그대로 굳어져 지금까지도 중화요리에는 이 소스가 빠짐없이 이용되고 있는 것이다. 중국에서도 이 소스는 여전히 사용되고 있다. 이 소스가 가진 감칠맛이 대단하기 때문에 사라지지 않고 있는 것이다. 그러나 중국에서는 그 뒤로 조미료 사용에 많은 변화가 생겨 조미료의 종류가 아주 다양해졌다. 그 종류가 엄청 많아 여기서 그것들을 모두 예시할 수 없을 정도이다. 참깨를 갈아 만들어 고소한 맛이 나는 마장(麻醬)이나 한국의 고추 '다대기'와 비슷한 타초(剁椒), 썩힌 두부 소스인 부유(腐乳), 해물장인 해선장(海鮮醬) 등 그 종류가 많아 여기서 다 소개하기가 힘들다. 이에 비해 보면 굴 소스는 이러한 여러 소스 중의 하나일 뿐이다. 그런데 한국의 중화요리에서는 이 굴 소스만 사용하고 있으니 소스의 사용 면에서 너무 편벽되었다고 하지 않을 수 없다.

f. 그 외 나타나는 한국적인 특징
— 오래 익히고, 여러 재료 섞고

위의 특징 외에도 조리법이 한국화 되는 모습도 보인다. 우선 볼 것은 음식을 푹 익히는 경향이다. 설렁탕이나 갈비찜 등에서 보이는 것처럼 한국 음식에는 오래 조리하는 음식이 많다. 이것은 한국인들이 추구하는 맛 중에 푹 익힌 부드러움에서 느끼는 맛이 있기 때문일 것이다. 그래서 한국인들은 볶음밥을 요리할 때도 그렇고 고추잡채를 요리할 때도 푹 익혀 먹는 것을 좋아한다. 중국에서는 센 불로 순식간에 요리하는 방법으로 재료의 아삭한 식감을 살리는 것에 비해 한국에서는 완전히 익혀서 부드럽게 만든 다음에 먹는 것을 좋아한다.

그 다음으로 나타나는 한국화의 모습은 많은 식재료들을 한 요리에 넣어 융합해서 만드는 경향이다. 우리는 이런 모습을 앞에서 많이 보았다. 예를 들어 라조기는 고추와 닭을 기름에 볶는 음식인데 중국에서는 이 두 재료만을 주로 사용하는 반면 한국에서는 버섯이나 죽순, 청경채 등과 같은 여러 식자재를 한꺼번에 넣어 만든다. 이것은 비빔밥이나 전골 등의 요리법에서 보이는 한국의 요리 방법을 중국 음식에 적용한 것으로 보인다. 따라서 전체적으로 보면 이른바 한국의 정통중화요리는 중식과 한식의 퓨전 요리로 보아도 무방할 것으로 생각된다.

나가며

　이제 마지막 정리할 때가 되었다. 지금까지의 설명이면 우리가 동네에서 먹고 있는 중화요리의 정체가 드러났을 것으로 믿는다. 우리가 주변에서 흔하게 접하고 있는 중화요리는 19세기 말에 중국 산동에서 중국인들이 먹던 요리가 약간 한국식으로 변화된 것이다. 그런데 이 음식은 본토인 산동에서는 빠른 변화를 겪으면서 인기 없는 음식은 사라지고 혹은 전혀 다른 새로운 음식이 창조되기도 했다. 반면 한국에서는 비교적 느린 속도로 바뀌면서 작은 변화만이 있었다.

　처음에 이 음식이 한국에 소개되었을 때 한국인들은 어떤 형태로든 문화적 충격을 받았을 것이다. 왜냐면 한국인들이 이렇게 외국 음식을 본격적으로 접해본 적이 일찍이 없었기 때문이다. 이때 중화요리를 처음 접한 한국인들은 이 음식에서 자신들이 일상적으로 먹고 있었던 한국 음식과 다른 특징들을 잡아냈는데 그것은 바로 '해삼이나 죽순' 같은 식재료의 사용이나 감칠맛 나는 굴 소스의 가미, 혹은 전분가루로 인해 생긴 걸쭉한 식감이었다. 이런 재료나 요리 방법은 한식과는 동떨어진 것이기 때문에 그들은 이런 방법으로 조리되는 음식은 중국 음식이라는 인식을 갖게 되었다. 이로 인해 한국인들에게 중화요리란 방금 전에 말한 조건을 갖추고 있어야 하는 음식이 되었다. 이것이 바로 한국인들이 소지하고 있던 중화요리의 이미지였다. 따라서 한국인들은 중화요리에 대해 이 같은 고정관념을 갖게 되었고 모든 중화요리에 이 생각을 적용시켰다. 그 자연스러운 결과로 앞에서 본 것과 같이 거의 모든 중화요리에 이 조건들이 반영되게 되었다.

한국의 중화요리가 이렇게 고착된 데에는 다른 요인도 있을 것이다. 추측이지만 한국의 중화요리는 중국집의 주방장들이 한국인으로 바뀌면서 더 고착화 되었을 것이다. 잘 알려진 것처럼 한국의 중국집은 화교들이 대거 한국을 떠나면서 한국인들에게로 넘어온다. 이때 이처럼 소유자만 바뀌는 게 아니라 주방장들도 서서히 한국인으로 교체되었을 것이다. 그런데 이 한국의 주방장들에게 중화요리는 외국음식이다. 외국음식은 그 재료나 조리법이 낯설어 주방장이 마음대로 바꾸거나 응용하기가 힘들다. 따라서 이 주방장들은 자신들이 배운 요리법을 고수하는 데에만 급급했을 것이고 그 결과 그들이 만드는 음식에는 변화가 있을 수 없었다. 사정이 이렇게 되니까 한국 내의 중국집에서 만들어지는 중화요리는 평준화되고 균일해진다. 가게마다 혹은 주방장마다 다른 요리가 나오는 것이 아니라 거의 똑같은 맛을 내는 음식만 나오게 되는 것이다. 우리가 동네 중국집에서 시켜먹는 중국 음식은 바로 이렇게 해서 나온 것이다.

사실 이 문제를 좀 더 명확하게 알아보려면 한국 주방장들의 계보를 찾아보는 일이 필요할 것이다. 중국집의 주방의 주인이 화교 주방장에서 언제 어떻게 한국인 주방장으로 이전됐는가를 알 수 있다면 중화요리의 정체를 더 확실하게 알 수 있을 것이다. 한국 주방장이 등장한 이후로는 별 변화나 발전이 없었을 테니 그 당시 한국인들이 접하고 있었던 중화요리를 명확히 알아내는 일이 중요한 것이다. 그런데 이 일은 현장으로 나가 발로 뛰면서 전국을 다녀야 하기 때문에 쉽지 않은 일이다. 이 문제에 관심이 있는 후학이 있으면 충분히 도전해볼 만한 일일 것이다.

물론 중화요리가 이렇게 고착화 된 것만은 아니다. 중화요리가 토착화에 성공한 예도 있기 때문이다. 말할 것도 없이 짜장면이 그런 예이다. 이에 대해서는 본문에서 충분히 설명했으니 여기서는 약한다. 짬뽕도 그런 예에 속하지만 짜장면의 경우는 짬뽕보다 더 성공한 것으로 보인다. 짬뽕은 한국에서만 통용될 수 있는 음식인 것에 비해 짜장면은 국제적인 음식이 될 가능성을 보이기 때문이다. 짜장면은 심지어 그 시원인 중국의 젊은이들에게서도 인기를 끌고 있다고 하니 그 국제적인 면모가 보인다. 한국인은 일본의 라면을 가져다 한국화 해 전 세계로 수출하고 있는데 짜장면도 이렇게 될 가능성이 어느 정도는 보인다.

마지막으로 던지고 싶은 질문은 한국인들이 언제까지 이런 중화요리를 먹을 것이냐는 것이다. 앞에서 본 것처럼 한국인들이 동네 중국집에서 시켜 먹는 중화요리는 고착되어 있고 획일화 되어 있다. 음식은 시대에 맞추어 변해야 하는데 중화요리는 이 추세를 거역하고 있는 것이다. 사회의 대세를 따르지 않으면 그런 품목들은 쇠퇴하게 된다. 또 한국인들이 찾는 외식도 매우 다양해져 이전처럼 외식으로 중국 음식만 찾는 때는 벌써 지났다. 이런 시기를 맞이해 중화요리에는 앞으로 어떤 변화가 생길지 여간 궁금한 게 아니다. 과연 동네 중국집에도 변화의 바람이 불지 더 두고 보아야 할 일이다.

에필로그

현재 중국에서 팔리고 있는 한국 음식들의 재미있는 모습들에 대한 단상(斷想)

지금까지 우리는 한국에 수입된 중국 음식에 대해 보았는데 이 책의 원고를 쓰면서 자연스럽게 역발상을 하게 되었다. 무슨 말인가 하면, 이 책에 기술된 것처럼 중국에서 한국으로 유입된 음식에 대해서만 볼 것이 아니라 거꾸로 한국에서 중국으로 건너간 음식에 대해서도 보자는 것이다. 그런데 이에 대해서는 본격적으로 조사한 것이 아니니 이번에는 후기 형식으로 가볍게 보려고 한다.

중국 음식이 한국에 수입되어 나름의 변화를 겪었듯이 한국 음식들도 중국에 영입되어 재미있는 변화를 겪고 있는 것처럼 보인다. 우리는 이 변화를 보면서 한 지역의 문화가 타 지역에 전파되면서 어떻게 수용되고 현지화 되는지에 대한 생생한 모습을 볼 수 있다.

그런데 중국에 들어간 한국 음식은 상황이 좀 다르다. 지난 2천 년이 넘는 한중 교류사상 최초로 일상적인 한국 음식이 중국에 소개되었기 때문이다. 극히 최근까지 중국인들은 한국 음식을 먹어본 적이 없다. 주지하다시피 그동안 한국은 일방적으로 중국 문화를 수입했지 자국의 문화를 중국에 수출한 적이 거의 없기 때문이다. 그런데 이번 세기에 들어와 처음으로 한국 문화가 역수출되고 있다.

중국에 수출되고 있는 한국 문화 가운데 가장 대표적인 것은 말할 것도 없이 한류이다. 이 한류의 영향은 말로 표현하기가 힘들다. 국내에 있는 한국인들은 한류의 힘을 느끼기 힘들다. 그러나 나는 학교에서 중국 유학생을 포함해 많은 외국 유학생들을 만날 수 있기 때문에 한류의 힘을 절감하고 있다. 그들이 한국 유학을 결정하게 된 결정적인 동기가 한류에서 비롯되었다고 하니 한류의 막강한 힘을 알만 하지 않겠는가?

한류가 수출되면 단순히 한국의 노래나 드라마만 소개되는 것이 아니라 그것과 관계된 것들이 같이 소개되니 그 파급 효과가 엄청날 수밖에 없다. 예를 들어 드라마에 나온 배우들이 입었던 옷이나 장신구들은 드라마가 방영되자마자 동이 난다(아니 방영 중에도 동이 날 수 있다). 그런 것 가운데 하나가 음식이다. 드라마에서 배우들이 먹던 음식은 시청자들의 호기심을 자아내어 시청자들로 하여금 그것을 시식하고 싶다는 욕망을 갖게 한다.

이런 음식 가운데 우리의 주목을 끄는 음식은 단연코 짜장면이다. 짜장면은 지금 중국에서 꽤 관심을 받고 있다고 한다. 이것은 아마도 한국의 드라마에 자연스럽게 한국 배우들이 짜장면 먹는 장면이 노출되면서 생긴 현상일 것이다. 특히 "별에서 온 그대"나 "환상의 커플" 같은 한국 드라마에 짜장면이 자주 등장했다. 그러니 이 드라마를 본 중국인들은 짜장면 같은 한국 음식에 관심을 갖게 된 것이리라.

그런데 이 짜장면이라는 음식의 내력이 어떤 것인가? 앞의 내용에서 보았듯이 중국의 국수가 한국에 와서 한국화 되면서 생겨난 음식 아닌가? 그런데 이것이 원 생산지였던 중국으로 역수출되고 있으니 흥미를 자아내는 일이 아닐 수 없다. 이럴 경우 재수입된 문화품들은 과연 어떤 식으로 변형될지 매우 궁금하기 짝이 없다.

그런데 짜장면의 경우를 보면 이 음식이 중국으로 역수입되면서 한국식을 유지하면서도 다시 중국식으로 변화되고 있는 모습을 보여 여간 재미있는 것이 아니다. 이 상황을 보기 위해 '한라산'이라는 한국 음식 전문점에서 파는 짜장면을 살펴보자. 이 음식점은 중국에서 꽤 유명한 한국음식점이라 체인점도 많다. 그런데 이 음식점에서 파는 짜장면을 보면 일단 그 모습은 한국식 짜장면과 유사한 것을 알 수 있다. 그런가 하면 반찬으로 춘장과 양파가 나오는 게 이채롭다. 이 두 반찬은 중국 식당에서는 눈을 씻고 찾아보아도 발견할 수 없는 음식인데 여기에 나오니 신기하다는 것이다. 게다가 김치까지 나온다. 사실 이 김치는 한국의 중국집에서도 잘 나오지 않는 반찬인데 여기서는 버젓이 나오고 있다. 아마도 중국에서는 한식 하면 김치가 연상되어 내놓은 모양이다.

사실 김치와 짜장면은 그리 어울리는 콤비는 아니다. 김치는 향이 강해 짜장면의 맛을 이길 수 있기 때문이다. 그런데도 여기에 김치가 나온 것은 중국인들은 이 짜장면을 중국 음식이 아니라 한국 음식으로 생각하기 때문인 것 같다(반면 어떤 짜장면에는 중국인들이 많이 먹는 풀인 고수를 넣어 먹는 경우도 있다).

그 다음에 살펴볼 것은 짜장면을 배달하는 집을 모집하는 광고이다. 이 광고를 보면 '주방도 필요 없고 요리사도 필요 없으며 점원도 없고 심지어는 기름이 연소될 때 나오는 검은 연기도 생기지 않는다'고 선전하고 있다. 그런데 우리가 여기서 유의해서 볼 것은 여기에 나오는 짜장면이 더 이상 한국의 짜장면처럼 보이지 않는다는 것이다. 이 국수는 한국의 짜장면보다는 산동의 작장면에 훨씬 가까운 것으로 파악된다. 왜냐하면 짜장 소스가 작장면의 소스처럼 적고 물기가 없기 때문이다. 그리고 국수 위에 놓인 채소도 한국의 짜장면에는 올리지 않는 채소가 놓여 있다. 그래서 이 체인점의 주인은 아마도 중국인일 것이라는 것을 추측할 수 있다.

이 광고에서 우리가 간파할 수 있는 점은 중국인들이 자기들의 음식을 역수입해간 다음 아주 빠른 시간 안에 현지화하고 있다는 것이다. 한국화 된 짜장면이 중국인의 입맛에 맞게 다시 변화하고 있는 것이다. 그런데 이 짜장면에는 그래도 한국적인 맛이 남아 있을 것 같은데 먹어보지 않았으니 짐작도 할 수 없는 형편이라 안타깝다. 이런 현실을 타개하기 위해 언제 기회가 되면 중국의 한국 음식 순례라도 떠나고 싶은 심정이다.

더 재미있는 것은 중국 식당에서 파는 이른바 '정통 한국요리'의 구성이다. 음식의 조합이 가관이기 때문이다. 이것은 한국 식당에서는 절대로 발견할 수 없는 음식의 조합이다. 이 요리를 파는 한 중국식당의 광고 사진을 보면 참으로 재미있는 모습이 나온다. 6인용 세트로 차린 한 상에 밥과 김치, 그리고 단무지 같은 기본 반찬을 비롯해 떡볶이, 김밥, 불고기, 전골, 삼계탕, 오징어볶음, 돼지고기와 소고기 등의 요리들이 함께 나오고 있기 때문이다. 한국인이 보기에 그 모습은 기괴하기 짝이 없다. 한국인들이 좋아하는 음식을 '왕창' 모집해서 한 상에 다 올려놓았으니 말이다.

한국인들은 이런 요리들을 결코 한 상에 같이 놓고 먹지 않는다. 그런데 왜 중국인들은 이렇게 이상하게 차려놓았을까? 이것은 중국인들이 생각하는 한국 음식의 이미지가 이렇게 형성되었다는 것을 보여준다. 중국인들은 이렇게 차려놓아야 한국 음식을 정통으로 먹는다고 생각한 것이다.

그런데 이것은 타문화를 이해할 때 흔하게 나오는 현상이다. 타문화를 그 문화의 주인의 입장에서 보는 것이 아니라 자신의 시각에서 보기 때문에 이런 현상이 생기는 것이다. 이런 현상은 한국 안에서도 얼마든지 발견할 수 있다. 가장 비근한 예가 한국인들이 짜장면을 먹을 때 탕수육이나 양장피 같은 요리를 같이 놓고 먹는 것이다. 우리는 중국 음식을 먹을 때 요리 한두 개를 시켜 가운데 놓고 같이 먹고 짜장면 같은 개인용 음식은 각자가 시켜 먹는 경우가 많다.

한국인들은 이렇게 먹는 것이 지극히 정상이라고 생각하지만 중국인이 이 모습을 보면 이상한 표정을 짓는다. 이것은 저렴한 음식(국수)과 고급 요리(유산슬이나 탕수육 등)를 같은 상에 놓고 먹는 것이기 때문에 그렇다는 것이다. 중국인들은 이렇게 싼 음식과 비싼 고급 음식을 한 상에 차려놓고 먹지 않는다. 이 상황은 바로 앞에서 보았던 중국인들이 먹는 한국 정통요리와 그 정황이 똑같다. 한국인들도 떡볶이나 김밥 같은 저렴한 음식을 전골이나 삼겹살처럼 비싼 음식과 함께 한 상에 차려놓고 먹지 않는 것과 똑같기 때문이다.

같은 일은 한국인들이 이탈리아 음식을 먹을 때에도 반복된다. 우리들은 이탈리아 식당에 가면 피자와 파스타를 식탁 가운데에 놓고 먹는 경우가 많은데 이것 역시 섞일 수 없는 두 음식을 같은 식탁에 놓은 것이라고 한다. 피자는 떡볶이처럼 저렴한 거리의 음식이고 스파게티는

백반처럼 정식의 음식이라 이 둘을 같이 놓고 먹지 않는 것이 이탈리아 사람들의 전언이다. 사실 한국인들도 거리음식과 정식의 음식을 한 식탁에 놓고 먹지는 않지 않는가?

게다가 우리는 스파게티조차 가운데 놓고 나누어 먹는데 이것은 이탈리아를 비롯해 서양에서는 눈을 씻고 찾아보아도 발견할 수 없는 재밌는 식습관이라고 할 수 있다. 한국인들은 찌개나 전골처럼 음식을 서로 나누어 먹는 것을 좋아해 다른 나라 음식도 그렇게 먹는 것이다. 따라서 한국인들에게는 이것이 자연스러운 모습이지만 다른 나라 사람의 눈에는 기괴하게 보일 수 있다.

앞으로 기회가 주어진다면 앞에서 말한 대로 중국 각지에서 한국 음식이 어떻게 수용되고 있는지에 광범위하게 조사했으면 좋겠다. 이른바 음식 인류학이다. 문화가 전파되고 수용될 때 과연 타자의 문화를 어떻게 이해했는지를 알아내는 것이 이 조사의 주목적이라 하겠다. 우리 인류는 끊임없이 외부로부터 문화를 받아들이고 그것을 자기의 시각으로 해석하여 자기 문화의 맥락 안에 배치한다. 그러면 그것은 그 맥락 안에서 다시 새로운 문화를 만들어낸다. 짜장면이 그런 과정을 통해 나온 음식인데 중국 내의 한국 음식들이 이런 과정을 거쳐 어떻게 새로운 음식으로 재탄생할지를 지켜보는 것은 대단히 흥미로운 일이 아닐 수 없을 것이다.

최준식 교수의 한국문화지 ②
한국에만 있는 정통 중화요리에 대한 수사보고서

지은이 | 최준식
        마 씨아오루(馬驍璐) 자문
펴낸이 | 최병식
펴낸날 | 2017년 7월 17일
펴낸곳 | 주류성출판사 www.juluesung.co.kr
        서울특별시 서초구 강남대로 435 주류성빌딩 15층
        TEL | 02-3481-1024(대표전화)·FAX | 02-3482-0656
        e-mail | juluesung@daum.net

값 12,000원

잘못된 책은 교환해 드립니다.

ISBN 978-89-6246-319-4 04910
ISBN 978-89-6246-285-2 04910 (세트)